穏やかな看取りのために

15の事例で学べる介護のポイント

内田　勝久
内田　貴士

はるかぜ書房

はじめに

三十六歳の夏のことでした。母が病に倒れて緊急入院し、長期のリハビリテーションを受けたのちに退院の条件が示されました。その条件は施設入所もしくは家族の引き取りでしたが施設に空きはなく、結局、母と同居することになったのです。これが私の介護の始まりでした。

これまでに、市役所の福祉事務所で五年間生活保護のケースワーカーをし、有料老人ホームの建設・運営などにも携わってきました。それで介護のことについては十分に知っているつもりでいました。しかし、いざ母の介護を始めてみるとそれだけでは何かが不足しているようで、どうにもすっきりとしない感じで過ごしました。

今振り返れば、このことが高齢者介護の仕事に転職する動機になっていたのかもしれません。その後ケアマネージャーとして仕事を始め、十数年が経《た》ち今日に至っています。

平成十七（2005）年の春、北海道の日本海沿いの会社で介護付有料老人ホームを建設する話があり、私は創設メンバーの一員に加わりました。そこには、介護や社会福祉の専門教育を受けて卒業したばかりの人や介護のベテランと呼ばれている人たちもいました。一緒に介護の仕事をしていて気になったのは、その人たちがしばしば戸惑った様子を見せていたことです。その原因は、介助技術の有無・高低とは別なことのようでした。

翌年、内部研修の担当者になった時に気が付きました。彼らが戸惑い、困惑していたのは、要介護状態のひとの不安定な精神状態、そして死期を覚悟した時の「気持ちのありよう」にどのように対応してよいかがわからなかったためではないかと。

介護の施設では多くの高齢者が亡くなります。その大半の方の最後は実に穏やかで、そのひとの一生が再び評価される瞬間でもあって、家族の感謝の言葉で幕を閉じます。こうした状況は容易に伝えられるものではありませんし、また身近なひとの死を経験した誰かれに尋ねても的確に教えてはくれません。ですから、これまでは、最後の瞬間に立ち会った人たちだけが自然に感じ取っていたものなのでしょう。しかしながら、介護の現実においては、この部分とここに至るまでの事情を汲み取った一連の介護が中核をなしていると考えなくてはなりません。

そこで本書では、15のエピソードを紹介します。これらは、主に施設でごくふつうのひと（大多数のひと）の死を穏やかに看取った事例です。もちろん病状の推移などで個々にちがいはあります。けれども、介護する人にとっても介護される人にとっても、穏やかな看取りを迎えるための普遍的なエッセンスが詰まっていると信じています。

介護には目の前で起きている出来事に対して、必ず適切な対処の方法があるのです。どうかご安心ください。本書がそのお手伝いをいたします。一読いただければ、戸惑いや困惑を軽減できると思います。

ここで、この本が取り扱う「介護」の範囲をはっきりさせましょう。

私が内部研修で用いた私案の「介護サービスの全体の枠組み一覧」は、このようなものでした。

介護サービスの全体の枠組み
（1）介護業務の直接的な技術
① 入浴や排せつなどの「介助」、「身の回りの世話」
② 信頼関係構築のための「コミュニケーション」
③ 身体機能維持のための「リハビリテーション」
④ 日々の楽しみのための「レクリエーション」
⑤ 暮らしやすさのための「住環境整備」・「福祉用具の活用」など
⑥ 介護をしている「家族への支援」

（2）死期が近づいた時の心身の変化に対応する方法や考え方
①呼吸困難や意識喪失などの身体的な状態の変化
②終末期の気持ちやその思いの変化
（3）対人援助の技能
①「バイスティックの七つの原則」からのアプローチ
②「キュブラー・ロスの（死の）五段階説」からのアプローチ

いかがでしたか。介護は、このような区分だったのかと納得された方もいらっしゃるでしょう。そうすると、次に気が付くことがあります。

それは、これらの介護技能は誰が主に行うのかということです。介護職に従事されている方は、上記の技能のうち、（1）①から⑥までと（3）①は、もうすでに教わったかもしれません。（2）①は、自身の介護体験や医療スタッフの助言から学ぶことができます。「看取り介護」の時代に入ってからは、（3）②の領域は、経験豊かな人やその道の専門職が行っています。

すると、残るは（2）②「終末期の気持ちやその思いの変化」です。多くの介護者はここで戸惑いを感じ、なかなか解消できません。これを理解していないために適切に寄り添うことができず、困惑することが介護のプロの間でもしばしば見受けられます。

本書はこの「終末期の気持ちやその思いの変化」に焦点を当てます。これを独自に習得することも可能だろうと思いますが、大変な時間がかかります。眼前の状況を考えれば急ぐでしょう。そこで本書の活用を提案します。習得すると次のことが身に付くと考えられます。

・高齢者の気持ちに思いを馳《は》せることができるようになります。
・寛容かつ柔軟な姿勢と言われる範囲が分かるようになります。

こうして理解が及《およ》べば、現実的な対応が可能になると思われるのです。もちろん、一口に介護と言っても、状況はひとそれぞれです。しかし、本書で扱うのはどんな介護もそこに至ろうとする「穏やかな看取り」に関わることであり、その点、幅広く応用が利きます。

本書はひとつの試案にすぎませんが、私は高齢者の実情を知ることを、手掛かりにして進めてもよいとする立場です。そこで、高齢者の思いや気持ちに着目して、15の実例を用意しました。

これらは、私が直接体験したものです。しかし、どちらかと言えば、お亡くなりになった方から「お預かり」した形になっていて、機会があれば最後の思いや様子を若い方々にも伝えてほしいと頼まれたことです。どうか、介護の間接体験として高齢者の思いや気持ちに触れてみてください。

また、これは現場で働くケアマネージャーの実践記録としての報告でもあります。

各章を三部構成とし、

① 介護現場で遭遇《そうぐう》した出来事（エピソード）

② その時の私的な感想

③ ケアマネージャーの職務上の視点

可能な範囲で立体的な展開を試みました。どなたでも、目の前で起きている出来事に対して、これらの事例と理論や考え方をヒントにできると信じています。

さらに、介護について一般的な事柄を知っていただくために、信頼できる参考資料の提示に努めました。もっとも、浅学で適切な要約ができずに、「抜粋」が主体になっています。それでも、ぜひ、「これだけは知っておいてほしい」と思われる箇所と量に配慮しました。

介護の仕事は、対人援助サービスのひとつです。経験はもちろん大切ですが、各自の経験は個別的なものであり、それぞれに特殊ですから、それだけで一瞬、一瞬に変化していく状態に、即応できる判断力が身に付くとは考えられません。

けれども本書でお伝えしようとする内容は、さまざまな現場で長く介護の実践に携わってきた経験上、時代の流れに耐えうる「技能」のひとつであると確信し、自負しています。ひとつの間接体験が、一気に問題の解決に向かい、同時に種々の工夫に結び付くことはあります。

親の介護は誰にでも起こりえることです。そうした一般の方々に向けて本書をお贈りするとともに、いま介護職に就いており、これからの長い時間を介護にあてるという専門職の方にも、本書はお役に立つと信じております。

ひとつひとつの報告例は、独立した形で取り上げ、完結しています。興味を抱かれたところからお読みください。何かひとつでも、みなさまの介護力の構築につながれば幸いです。

最後に私事ですが、平成二十六（2014）年三月に介護付有料老人ホームを定年退職しました。無事に定年を迎えたわけですが、また新しいかたちで介護の仕事にかかわり続けよう、と思い、いわゆるひとりケアマネージャーの居宅介護支援事業所を作りました。事業所名に山野草で大好きなサンカヨウ（山荷葉）の名前を付けて、今もケアマネージャーの仕事をしています。サンカヨウの花言葉は「親愛の情」「幸せ」です。利用者とのかかわりでは、この言葉を思い出しながらいつも気を引き締めています。

私は年齢が年齢なので、いくつかの介護事業所からは内部研修会の進め方などに対する助言や指導を求められることがあります。そのつど事業所の仕事内容に合わせて私なりに研修会用の資料を作成してきました。

これらの資料は私の知るかぎりほかの介護の本には見当たらない内容で、分かりやすいと好評でした。これらをひとまとめにして事業所名にちなんで『山荷葉の指南書』と呼んでいました。本書はその指南書を体系化し、加筆したものです。

目次

はじめに　3

「命」、自分の力が及ばないもの

1章　白寿の祝い――老衰と看取り　19

・天寿への思い

・用語の再確認

①「支援」と「援助」

②「認知症」の正しい使い方

2章　初孫を抱きながら――心配性の方への配慮　28

・心身症の理解

・生活の営みと自立支援

3章　透ちゃんは良かったね——医療の方針と自己決定　42
・愚行（権）
・見せかけの自己決定
・自己決定権

4章　団らんのひと時　①——長く生きる悩みへの受け答え　56
・尊厳死と安楽死
・「延命治療は拒否します」ほか
・介護サービス等の一覧表

5章　団らんのひと時　②——こだわりの理解、反りが合わない時　72
・パーソナルスペース
・3・3・4の法則
・支援開始に先立って

大切なもの

6章　陽が昇り陽は沈む——死に対するスタンス　88
・不安の増幅
・「最強の人」
・小さなお別れ、大きなお別れ
・業務・イベントスケジュール表

7章　小学校の卒業生名簿——回想のもつ力　100
・回想法の練習
・ひとり回想法の試み

8章　社長報告——外出サービスの実施　113
・アルツハイマー病の臨床症状出現順序
・「有料」サービス新設上の注意点

9章　キュウリもみ――ラポール（信頼関係）の構築とコミュニケーションの技法　125
・ラポールと禁句
・昭和の暮らし比較表

困惑する時

10章　ポンスケだから――頻繁な物忘れとナラティブ・アプローチ　136
・ナラティブ・アプローチの活用
・早わかり三大認知症
・受診を巡る周辺の事情
11章　シャント交換――介護現場における予定変更の困難　152
・「援助過程」における役割分担
・車の渋滞現象

12章　心臓が止まった——恐怖心の理解とニーズ概念　163
・「恐怖」心
・「生きている」ということ
・「ニーズ」の共有
13章　目、見えないから——財産管理が難しくなった時　173
・成年後見制度
・形から入る「傾聴」術
お送り、送られて
14章　むすんでひらいて——準拠集団に思いを馳せる　186
・準拠集団の影響
・看取り介護のケアプラン第三表

15章　母ちゃんが枕元に立った――非合理な事柄と向き合う　196
・非合理なもの
・主体的に生きる

【本書を閉じるに当たっての補足説明】

1　反射的利益　1章の関連
2　有料サービス新設の詳解　8章の関連
3　介護サービス提供の原則　11章の関連
4　介護保険法第一条　15章の関連
5　宗教の意味　15章の関連

おわりに　214

参考文献　216

［個人情報の取り扱いについて］

介護業務の中で私が体験した出来事には、個人情報保護に係る守秘義務が課せられています。この観点から細心の注意を払い、実情の一部を修正し、組み換えたことを報告します。なお、本書に登場する方のお名前は基本的にすべて仮名です。

「命」、自分の力が及ばないもの――

かたくり　花言葉：寂しさに耐える

1章　白寿の祝い――老衰と看取り

私の家族の話から始めましょう。著者の父は、認知症と胆のう機能障害で、介護保険のサービス[1]を使いながら、在宅生活を続けていました。九十七歳を過ぎた初冬のことです。

居宅介護支援事業所のケアマネージャー[2]でもあるAさんは、父のために訪問介護、訪問看護、通所介護の利用を提案してくれました。そのAさんは、白寿[3]に対する思い入れが強く、十一月下旬の定例訪問の際に、

1　この本では、介護保険法が適用になるサービスを「介護サービス」、介護保険法が適用にならないサービスを「介護のサービス」、両方を含む場合は「介護サービス等」と呼ぶことにします。

2　介護保険法上は、「介護支援専門員」と言いますが、単に「ケアマネ」と略して呼ぶことが多いです。便宜上、この本ではケアマネを、「施設ケアマネ」と「在宅ケアマネ」とに区分します。前者は特別養護老人ホームを含む三施設や介護付有料老人ホームなどに勤務し、後者は主に居宅介護支援事業所に勤務して在宅生活者の支援を行っています。

3　長寿の祝い事は、還暦から始まり、年齢に伴って呼称が異なります。例えば、数え年で七十歳は「古稀」、八十八歳は「米寿」と呼ぶ祝い事があります。「白寿の祝い」は九十九歳の時に行います。ちなみに百歳のことは「百寿」といいます。

「お父様には、この冬をなんとか乗り切っていただき、年明けの誕生日、一月五日を迎えられたら、早々に『白寿のお祝い会』を開きたいと考えております。九十八歳にならないと、白寿の対象者にはなりません。せっかく、ここまで頑張って来られたのです。このお祝いは、誰よりもご本人そしてご家族の願いだと推察しております。また、通所先のディサービスの利用者や職員の希望でもあります。それに祝賀会が催されると、わたしも一芸を披露できるので、今からうずうずしているのです。これは、みなさまの一致した目標だと思っております」

と話していました。

祝賀会の当日を迎えました。

父のテーブルはひな壇側にあって、前方は、テーブルでコの字型に囲まれています。そこには、主催者、ディサービスの利用者、当日、勤務の職員が座っていました。

式典は主催者の祝辞に始まり、式次第[1]どおりに進行して行きます。催し全体は、とても華やかなで、とりわけ、初めて聞いた雅楽の龍笛の音色は、優美で幻想的でした。

白寿のお祝い会は、ディサービスの「本日のレクリエーション」の一部なので、閉会すると出席した利用者は、ディルームに戻ります。案内に従い、順次、誘導されて退室して行きます。その時、出入り口の方から、利用者同士の会話が漏れて聞こえて来ました。

「へー、すごいや。こんな素晴らしい祝賀会に出席したのは初めてだけど、俺も長生きしてみたくなったなあ」

「わたしもー。長く生きていたら、ステキなお祝い会を開いてもらえるのね。本当に幸せね。感激しちゃった」

参加した方々の顔には、満面の笑みがこぼれていました。

白寿のセレモニーは、この事業所の開設以来、初めてのことでした。事業運営者のAさんは大喜びでした。


祝賀会が行われたこの年、父は入退院を繰り返しました。三度目の入院は夏を過ぎた時期で、入院したその夜に、老衰で息を引き取りました。葬儀は、父の希望で密葬にて執り行いました。

入院では多くの方にお世話になり、思い出すことはたくさんあります。

一度目の入院は、B市立病院でした。主治医からは、

1　祝賀会の式次第は、次のとおりでした。　開会　主催者祝辞　ご本人の経歴紹介　記念品贈呈　ご本人ご挨拶　ご家族ご挨拶　アトラクション　雅楽　全員で「お富さん」を歌う　Aさんによる南京玉すだれ　ほか多数　記念撮影　閉会

「生命維持のために胃ろう[1]を行わないのであれば、ほかにできる治療はありません」と説明を受けていました。一方、家族としては、夜間せん妄[2]が収まっていたので、「自然に亡くなる」のがよいと考えて、延命治療を消極的に拒否した形になりました。

「命」のことで、父と話した記憶がありません。精一杯、思い出してみても、戦時中の衛生兵の体験談だけで、「陸軍病院には、負傷兵たちが次ぎ次ぎと運び込まれて来たが、みんな亡くなった。自分も死ぬ時が来たら、死ぬのだろうと思っていた」という内容です。これだけでは、延命治療を望むのかどうか、見当も付きません。

最後の入院は、老衰でした。父をC総合病院に運んだ時、内科医に「老衰は病気ではありません」と言われて、入院を断られました。それは理解できたのですが、病院に到着したばかりで、家に戻りたくてもすでに体力と気力は尽き果てていました。とにかく事情を話して、入院させてもらおうと必死でした。

この日の朝は、いつもと様子がちがい、素人の私でも「今日が最後かな」「いよいよかな」と思うほどでした。苦しそうな息遣いは、しだいに多くなり、それが止まらなくなって、介護タクシーを呼びました。運転手と二人がかりで、父をベッドから車いすに移動し、階段を力任せに下りきり、汗だくになって病院に辿り着いたのです。

今から自宅に戻ったとしても、どうすればよいのか、分からなかったのです。たまたま、同院の整形外科医の配慮があって入院できると分かった時には安堵しました。もちろん、何かの治療があるはずもなく、ただ「その時を待つ」というものでした。息遣いが荒くなったら声を掛け、静かになると見守る、の繰り返しです。

その最中に、私は、なんとなく覚悟ができました。

◇感じたこと

父の葬儀のあと、私は施設ケアマネの経験を生かして、「居宅介護支援事業所サンカヨウ」を開設しました。山荷葉の花言葉を活動方針にしています。

1　胃ろうとは、「腸壁を切開して胃に管を通して水分や栄養分などを投与するための処置」のことです。この時、私を含めた家族は胃ろうについて、自力摂食が難しくなってきた百歳近い親に、認知症の症状が進行していたこともあって、迷っていたのです。

2　せん妄とは、（狭義は）意識混濁に加えて、無秩序の観念、錯覚、幻覚、妄想が次々に現れては消える状態で、不安、恐怖、精神運動興奮を伴います。アルコール離脱時の振戦せん妄や、老人の「夜間せん妄」が有名です。なお、意識障害全般をせん妄（広義）と呼ぶこともあります。

白寿のお祝い会は、私に生きていることの素晴らしさを感じさせてくれました。父は最後まで、穏やかな表情でした。エンドルフィン[1]のおかげだったのかもしれません。

今でも元気な頃の父を思い出すことがあります。父には、幼い頃から随分と遊んでもらっていました。毎週、川や海で魚釣り、カニ釣り、貝探しをしました。山では、タラの芽採り、コクワ採り、キノコ採りを教わりました。それらは、現在の私の趣味になっています。

◇ケアマネの視点

「老衰」について、考えさせられました。

《天寿への思い》

私は父のことで、「どうすればよいのか、分からなかった」と話しました。それは、次のようなことでした。

・家に戻り一人で、心臓が停止するまで黙っていてもよいのか
・死亡診断書は、どの病院の医師にお願いしたらよいのか
・行政解剖と呼ばれるものの対象になってしまうのか

仕事で身に付けたわずかな知識にこだわり、さらには、父が訪問診療（往診）を嫌がって受けなかったことも気になり出していたからです。

介護をしていて、**このように「どうしたらよいのか」と迷った時には、ためらわずに救急車を呼びましょう。**これが最も適切な方法です。生命に携わる仕事には、複雑な決まりがあるので、専門的判断にゆだねることをお勧めします。

また、老衰は病気ではないので、何もしなかったから、といって非難されることではありません。

父には、小学校の入学式の日、手を引いてもらって学校に行きました。高校を出る時には進路の相談にも乗ってもらいました。その後、父は六十歳でタバコをやめ、八十歳になると大好きな日本酒を、一日一合と決めて過ごしていました。今となれば、懐かしい思い出です。老衰と診断されるまで生き続け、天寿を全うした父に感謝しています。

1　中村仁一氏の著書には、人の体が自然死の準備に入ると「脳内にモルヒネ様物質が分泌される」と書かれています。さらに石飛幸三氏の著書では、その詳細について「老衰になっている体は、どうも痛みがないらしいのです。それは体内に、鎮痛作用があり『脳内モルヒネ』といわれるエンドルフィンという神経伝達物質が発生して、痛みを緩和しているからだと言われています」と説明しています。

《用語の再確認》

①「支援」と「援助」

「支援」と「援助」の言葉には、どちらにも「助ける」という意味があります。しかし、現場におけるニュアンスは微妙にちがいます。「支援」の方には、心情的に理解して協力するという意味合いが含まれているためです。つまり、「支援」の本来の意味からすると、俗に言う「してあげる」というニュアンスは含まれていないのです。

この感覚と意味のちがいを軽視して、「援助」を多用して失敗したことがあります。感受性の豊かな人でした。介護保険制度の説明の際に「援助」を使いながら、「誰が誰に、何をどこまで行うのか」の支援内容を一辺倒に話していると、突然、怒り出したのです。どうやら自尊心を傷つけてしまったようです。「援助」は上下関係を感じさせてしまう用語なので、理解の上、注意してご使用ください。

参考までに申し上げると、現行の介護保険法の条文には、どちらの用語も使用されており、統一はされていません。

②「認知症」の正しい使い方

かつて「痴呆《ちほう》」と呼ばれていた人を、今は「認知症」の症状が出現した人と呼んでいます。この「認知症」という言葉の好き嫌いは別にして、「認知」とは「情報」のことを指します。時折「あの人、最近認知が入って」といった言い方を聞きます。ですが、その使い方では「あの人、最近情報が入って」という意味になってしまいます。

たしかに言葉の意味は、時代とともに変化するので、こだわりは少ない方が望ましく穏やかですが、それでも、「認知が入って」と使うのはまちがいです。

とくに介護に就いている方々は、直面している状況を考えれば関係している人たちに対し、正確な情報を伝える場面があります。その時には、正しく「認知症の周辺症状が現れてきました」と話してください。なぜなら、「認知が入って」と言うと、相手を不快にさせ、不信をいだかせてしまうからです。また、自分が低く見られたと利用者が感じることで、これまでに培った信頼を、失ってしまう恐れがあるからです。

ちなみに、介護保険法で、「痴呆」の用語が「認知症」に改められたのは、平成十七（2005）年六月二十九日です。

2章　初孫を抱きながら――心配性の方への配慮

中年の女性、秋野さんのお見舞いに伺いました。彼女はちょっと心配性でした。午後四時、C総合病院の五階、病室の前には、身内の方がたくさん集まっていました。予定では、午前中に心臓弁膜症[1]の手術が行われ、夕方になれば顔を見るくらいは許されると聞いて、病室を訪ねたのです。

しかし、何やら様子がおかしくて、しばらく、成り行きを見守っていました。すると、親族の一人が近づいて来て話します。

「遠い所をお越しいただき、ありがとうございます。実は、本日の手術は延期になりました」

予期せぬことが起きたのかと驚きました。ご主人には、入院した日から昨日までの体調は良好と聞いていたからです。

説明では、今朝になって、急に胃潰瘍《いかいよう》[2]が見つかり、出血が多いので、明日、胃の部分切除を行い、心臓の手術は体力の回復後に予定を組む、とのことでした。

小一時間が過ぎました。手術の成功を願って集まった人たちは、帰り支度を始めながら、口口《くちぐち》に、

「どうしようもないことだよ。心配するなって言っても無理だよね」

と秋野さんの心労をねぎらい、一方、秋野さんは私たちの方を向いて、

「わざわざ来てくださったのに、申し訳ありません」

とベッドの上で、何度も頭を下げていました。見送りが続いている最中、秋野さんのお兄さんが、突然、立ち上がり、

「誰だって、何の不安もなく、今日の朝を迎えた人はいないと思う。何の心配もなく、今日の一日を過ごしている人もいないはずです。何が起きるのか、分からないのが人の一生で、ましてや自分の命、生死がかかった手術であれば、なおさらのことだと思います。

昨日の出来事は過ぎて終わったことだから、安心して、笑って話せるのです。どんな些細なことにも、『心配と不安』を色濃く感じ取ってしまう、妹のことをどうか分かってください」

と思い詰めた表情で話していたのを、今も忘れられません。

1　軽症の場合は自覚症状がなく、病状は時間をかけて進んでいき、心臓が疲れてくると、息切れ、呼吸困難、むくみなどの心不全症状が現れてきます。

2　潰瘍とは、障害や刺激、炎症、ストレスなどが原因で、粘膜や皮膚が深くただれたり、はがれたりする症状をいいます。欧米では十二指腸潰瘍が多く、日本では胃潰瘍が多いです。

胃の潰瘍は、心配や不安が急激に強まると、一瞬にしてできることがあるらしく、秋野さんはまさにその典型でした。

秋野さんは、とても心配性で、今年、四十八歳になる女性です。新築したばかりの住宅にご夫婦二人で暮らしています。

ここ数年、月二回の診察を欠かしたことはなく、服薬治療を続けて来ました。それでも、心臓の病気のために知らない間に意識を失うことがあって、以来、郊外にある大型店への買い物は、ひとりでは行かなくなりました。最近になって、向かいと両隣の住人の協力が得られて、自宅から徒歩五分の公園までは、散歩に行けるようになりました。

手術について、主治医には、五十代に入って行うよりも早い方が成功率は高く、その後、何十年も安心して暮らせると促されていました。秋野さんの不安は大きかったのですが、ご主人と子供たちの願いもくみ取って心臓手術を決断したのです。

数か月後、延期になった心臓の手術は、無事に終わりました。そして、術後ふた月が過ぎました。以前のように花壇のそばで意識を失い、気が付いたら手足に血が流れていた、といったことはもう起こりません。

秋野さんは、ご主人のために色々な料理を作って、食卓を飾りました。得意だった大正琴に情熱を注ぎ、地方の小さな大会への出場も果しました。日課は「陽にあたる」ことです。毎日、自宅の庭と畑に出て、花壇の手入れと野菜作りを続けました。


秋野さんは七人兄弟です。女性は五人、男性は二人で、下から数えて三番目です。結婚は兄弟の中で一番早く、二人の娘さんはすでに嫁いでいます。

手術を受けたその年には、次女の出産もありました。こうして、心臓手術の成功と孫の誕生という秋野さんの二つの願いはかなったのです。孫が生まれる時には、

「わたしの親戚中で、この子が初めての孫なんです。男の子なら『孝ちゃん』と呼ぶって決めています」

と誇らしげに話していたそうです。

次の年の秋の終わり、秋野さんは、次女の夫に頼み事をしました。

「そろそろ、孝ちゃんの首が座った頃です。孫と一緒に娘を里帰りさせていただけませんか」

それは、しばらくして実現します。

次女が実家に戻った翌々日のことです。

秋野さんは、この日も朝からニコニコして、孫を抱きながらあやしていました。そのさなかです。

次女の名前を大声で呼び、

「あらら。わたし、ちょっと気持ち、悪いみたい。横になるから（孝ちゃんを座布団の上に）寝かせるね。あなた、抱っこしてあげて」

言い終わると、孫のすぐ横で、仰向けに倒れ込んでしまいました。スースーという寝息の音は、またたく間に激しいいびきに変わりました。次女は、その異変に慌てて救急車を呼びましたが、救急隊員によって死亡が確認されました。脳血栓が原因でした。

これは、心臓の手術を受けてから一年ほど後に起きたことです。

◇**感じたこと**

秋野さんの前向きな姿勢には、いつも感動させられました。とりわけ、孫の誕生は大きな喜びで、周囲の人たちにも輪を広げて、一緒に幸せなひと時を過ごしていたと思います。

一方で、私は、突然の訃報《ふほう》に動揺し、自分を落ち着かせることに懸命でした。

◇ケアマネの視点

「心身症」の人を介護する時には、支援方法を工夫する必要があります。

《心身症の理解》

介護の仕事を続けていると、胃潰瘍、本態性高血圧症、メニエール症候群などで困っている人に出会います。これらの病気は、心身症と呼ばれるグループに入っています。好んで病気になる人はいませんが、心身症にかかる要因のひとつに、生まれ持った気質・体質が挙げられることがあります。仮に、そうだとすると、これを改めることは容易ではありません。

病気が出現した人は、日々に変化する症状と向き合い、精一杯に闘っているのです。残念なのは、周囲の人たちがこの苦闘に気付かずに、「訴えの強い人」「過敏な人」と敬遠してしまうことです。

心身症の治療には、身体医学的治療、精神療法、薬物療法があります。また、国外の治療を見ると、イギリスでは作業療法や運動療法が、アメリカでは薬物療法が主体になっているようです。

以下、ひとつ資料を引用してみます。

《心身症について》

心理社会因子が病態に強く影響している身体疾患を心身症と呼ぶ。「心で起こる体の病気」といわれる。**典型例は、心理的ストレスで起きた胃潰瘍などである。**神経症とのちがいは、器質的異常の有無である。例えば、心因によって胃痛が起こる場合、検査によって胃に胃潰瘍などの器質的異常が認められれば心身症であり、認められなければ神経症と考えられる。ただし、ＩＣＤ―10には心身症という用語はなく、身体表現性自律神経機能不全という項目で主に分類されている。ＤＳＭ―Ⅳ―ＴＲにも心身症という用語はなく、「一般身体疾患に影響を与えている心理的要因」という項目で扱われている。

身体疾患が心理的原因によっても起こり、経過にも大きく影響することは古くから知られていた。精神と身体の両面から、心身相関の視点で患者を総合的にみる立場を心身医学という。セリエは、生体はさまざまなストレスに対して、下垂体副腎皮質系が防衛的に反応する（汎適応症候群）が、それが過度となると高血圧や胃潰瘍、糖尿病などの身体障害が起こるとし、ストレス学説を打ち立てた。シフネオスは心身症になりやすい気質として、失感情症（アレキシチミア）を提唱した。これは自己の感情や衝動について言語化して表現する能力の乏しいことである。

代表的心身症は、慢性じん麻疹、気管支喘息、本態性高血圧、消化性潰瘍、過敏性大腸症候群、甲状腺機能亢進症などがある。その他にも、レイノー病、潰瘍性大腸炎、肥満症、糖尿病、片頭痛、筋緊張性頭痛、神経性頻尿、関節リウマチ、メニエール症候群、月経困難症、更年期障害などがあり、きわめて多肢にわたる。摂食障害も心身症の一つとされている。

心身症の治療としては、器質的な病変に対する身体医学的治療がまず必須であり、それに精神療法や薬物療法を加える。薬物療法としては、抗不安薬がよく用いられ、しばしば有効である。精神療法については、心身症の患者は、自身では疾患の心理的側面を否定することが少なくないので、患者が望まないことも多い。身体的な手段で始めるものが患者として取り組みやすく、自律訓練法、行動療法、バイオフィードバック療法などがよく行われる。

日本精神保健福祉士養成校協会『精神医学』(中央法規、改訂版、２００７)１１３頁から引用しました。(太字は筆者が行いました)

心身症の人を支援する場合、私は最初に、利用者に次の三点を伝えて、互いの役割と立場を理解してもらいます。

① 治療は、可能な範囲で続け、主治医の指導に従うこと
② 病状の変化は、時々、介護スタッフに連絡すること
③ 治療の方法は、利用者が選択したものなので、介護者はこれを尊重する立場にあること

さらに、その症状が強く現れている時の支援では、自身に次の戒めを課し、厳守します。

1 意識すること
・心身症の治療は、医学の進歩に伴って改善されるもので、今はその過渡期にある。
・一番困っている人は、いつも「ご本人」である。

2 注意すること
・症状の急変を一方的に話している最中は、さえぎらないで黙って聞く。
・たとえ訴えやこだわりが強くても「深刻になりすぎ」と言わない。

わずかな工夫ですが、症状を悪化させてはいないようです。

《生活の営みと自立支援》

介護の仕事をしていると、利用者やその家族から、「今後は、どのような介護（ケア）が必要になるのでしょうか」と尋ねられることがあります。

このような漠然とした質問を受けた時には、「生活の営みと自立支援」の表を見せて、理解を図るのがよいと思います。介護職に就かれているみなさまも、この表を参考にして、分かりやすい一覧表を作ってみてはいかがでしょうか。

生活の営みと自立支援

生活の営みと介護の構造	スウェーデンにおける各段階別のケアサービス内容	介護保険制度で提供できる主なサービス　ほか
⑥ **ターミナルケア**	㋕診療看護（麻薬投与などを含む）、カウンセリング、家族への精神的ケア・トレーニングなど。	Ⓕ訪問診療、訪問看護
⑤ **メディカルケア**	㋔診療・検査・治療・運動療法・作業療法、その他のリハビリテーション。	Ⓔ訪問看護、訪問リハビリ、居宅療養管理指導
④ **ナーシングケア**	㋓常用薬の投与・塗薬などを含む診療看護（医師やその他医療レベルスタッフとの連携も含む）、訪問看護など。	Ⓓ訪問看護

③ 身の回りのケア（パーソナルケア）	㋒起床就寝介護・車いすからベッド間の移動介護・着替え補助・入浴介護・排せつ介護その他の身体介護、足治療、理容洗髪、話し相手など。	Ⓒ訪問介護（身体介護）、通所リハビリ、住宅改修
② 家事・家政上のケア（レジデンシャルケア）	㋑掃除・洗濯・買い物・食事作り補助その他の家事援助、給食サービス、雑用、変わったところでは、玄関まわりなどの雪かき。	Ⓑ訪問介護（生活援助、他）
① セルフサポート	㋐テレフォン・サービス（カウンセリング・法律相談室）、レクリエーション、スタディサークル、趣味の集まり、友人紹介活動、自助具入手情報（自助具によってセルフケアできる障がい者も多い）など。その全ての一般向け保健・教育・レジャーサービス。	Ⓐ次のような参加活動など ・町内会 ・老人クラブ ・「生き生き百歳体操」

〔前頁表：職業的介護従事者は、①のセルフサポートから⑥のターミナルケアまでのすべてに加わるが、サービスの量は⑥から①に向かって増加する。〕

社会福祉士養成講座編集委員会『介護概論』（中央法規、第3版、２００６）６2頁から引用し、表の右欄は筆者が付け加えました。なお、引用元の本では上記の表をピラミッド型の図で示し、①が底辺で⑥が頂点になっています。

表の使い方

便宜上、表を三つに区分し、左から、左欄、中欄、右欄と呼ぶことにします。

1　利用者が現在、利用している介護サービス等を右欄から選びます。（例えば、Ⓑ）

2　次に、そのまま左側の中欄に平行移動します。そこに記載している「ケアサービス内容」と比較し、概ね該当してればそれを選び、ちがい過ぎる時には、上下の欄を含めて比較し、いずれかを選びます。（例えば、㋒）

3　その次に、中欄から左欄に平行移動をします。到達したところが、今の身体状況に対応す

る「生活の営み」の位置になります。（例えば、③）

4　最後は、今後のケアは、「今、確認した位置よりも上段の区分に移行する」と伝えます。（例えば、④）

そうして、「介護の構造」①～⑥と右欄の介護サービス等の関係を説明します。これは病状の変化に着目しているのではなく、あくまでケアに着目した見方です。

3章　透ちゃんは良かったね――医療の方針と自己決定

享年六十七歳。

いつもどおりに、「仲良し麻雀《マージャン》大会」は開催されました。透ちゃん宅には、毎週土曜日の昼過ぎに四人がやって来て、二抜け[1]で行う麻雀を夕食の前まで続けます。

透ちゃんは喘息《ぜんそく》持ちで、時々、自分で吸入[2]をしています。この日は少し風邪気味でしたが、週末、恒例行事の主催者なので、寝込んではいられません。四人が席に着くと、座椅子と座椅子の間に日本酒を一升瓶《いっしょうびん》で置き、酒の肴《さかな》には、今回も大トロとヒラメの刺身を添えました。

この日も、透ちゃんは快調に勝ち続け、聴牌《テンパイ》タバコ[3]を欠かしません。半チャン三回が終わる頃、急に喘息の発作が起きて、食べた物を吐き始めました。しかし、吐き出し切れなかった刺身が気道に詰まって、窒息死をしたのです。

透ちゃんが中学生の時、国鉄に勤めていた父親は仕事上の事故で亡くなりました。透ちゃんは四人兄弟の長兄だったために、しかたなく、中学校を卒業すると電力会社に入社しました。その会社で、電気工事士として働き、妹たちの学費の捻出にあたりました。

この頃は、どの家も家計が苦しくて、誰もが高校に進学する時代ではありません。幸いにも同期で入社した人たちの中に、同年者が五人いました。三歳年下の者には、高校を出て入社した人たちがとても大人びて見えました。逆にその人たちには、透ちゃんたちが可愛らしく思えたのでしょう、透ちゃんたちを「あんちゃん」と呼んでいました。

電気工事の技能習得は、合宿形態で行われるので寝食を共にします。年齢的に話が合う五人は、すぐに親しくなりました。やがて兄弟のような付き合い方になり、結婚する者が現れると、身内が増えた気持ちになると話すほどでした。

1「にぬけ」と読みます。麻雀は、半チャンごとに精算を行い、勝ち負けを争うゲームです。この精算の結果、上位第二位の人が次の精算時までの間、ゲームから抜けることを「二抜け」と呼んでいます。

2　気管支喘息は、生まれ持った「気管支喘息の体質」（気道の炎症）を持ち、それにより気道が狭くなるとゼーゼー、ヒューヒューと音が鳴り、息が苦しくなる病気です。気道が狭くなった時には、気道を拡げる薬、例えばβ2（ベータツー）刺激薬などを吸入して、すみやかに拡げます。

3「テンパイ」タバコと読みます。麻雀は十四牌がそろうと完成（「和がり」）です。「和がり」のひとつ前の形を聴牌と呼び、この状態になるとホッとして、タバコを吸う余裕ができます。これを聴牌タバコと呼んでいます。

技術を身に付けると勤務地に赴き、二、三年で転勤になりましたが、五人は、一度も一緒に働いたことがありません。ひとつの事業所の規模は小さく、技術職の「あんちゃん」ひとりと電話番兼事務員の女性がひとりで、ふたり職場が普通でした。

技術上の相談をしたくても、上司がいないので困ったままでした。このため、不安と孤独感が募る一方だったのです。さらに、当時は電力供給の実情[1]が非常に悪く、停電しない日がないくらいで、そのたびに走り回っていました。

あんちゃんたちは、年を追うごとにストレスが増え、ひとつだった病名は二つになり、二つが三つになり、と増えていったのです。透ちゃんには、慢性気管支喘息のほかに高血圧と腰痛があり、適応障害[2]も疑われていました。

透ちゃんは五十歳になると、

「早く退職したい。もっと早く定年退職の日が来ないかな。そうしたらすぐにでも会社を辞めて、二度と仕事には就かない。好きなことをして、のんびりと過ごすんだ」

と奥様に話し、第二の人生を思い描いていました。

奥様は了承して、

「そうよ。あんちゃんの時代から、ずうっと働いて来たのですもの。残りの人生の中に、わたしと遊ぶ時間も少しは入れてくださいよ。一緒に旅行に行って、美味しい物をたくさん食べましょうね」と応援をしてくれました。

五十四歳になりました。定年退職があと一年となった時に「定年」は五十六歳に延び、さらに五十六歳に近づくとまた定年が延びて五十八歳になりました。五十七歳の時には、「定年」の年齢はそのままでしたが、六十歳までの再雇用制度が導入されました。五十八歳になる年度に入ると、今度は本社から、再就職の「ありがたいお話」をいくつもいただきました。それでも、その全てを丁重にお断りして、無事に定年退職を迎えました。

透ちゃんの人生で、初めてとも言える自由な時間の獲得でした。

退職して、競馬が好きになり、パチンコが好きになり、山菜採りや魚釣りにも出かけました。

1　詳細は、『北海道電力五十年の歩み』を参照ください。

2　適応障害は精神疾患のひとつで、ストレスによって発症します。精神症状は不安、抑うつ、焦燥感、過敏、混乱など多彩です。身体症状では倦怠感、頭痛、腹痛などがあり、遅刻、欠勤、犯罪など行動面にも現れます。

自宅で酒を飲み始めると、決まって居酒屋に出かけ、最後はカラオケボックスで歌い続けるという生活に変わり、電力会社から緊急呼び出しの連絡も来ることがない自適な日々を過ごしていました。

残念だったのは、喘息が悪化して、主治医から禁酒・禁煙・脂身が多い刺身の摂食禁止[1]の指示が出たことです。透ちゃんにとっては酒とタバコは大人の証で、自分の人生と切っても切れないものです。また大トロの刺身は大好物です。ですから、週末自宅で行う「仲良し麻雀大会」の主催を買って出たのは、このあたりに思惑があったのかもしれません。

透ちゃんの葬儀が行われました。

四人のあんちゃんたちは、沈痛な面持ちで参列しました。初七日にも、四十九日にも、一周忌にも、三回忌にも四人はそろい、少し早かった透ちゃんの人生に自分たちの姿を重ねて、若かった頃の思い出を話し続けていました。

十年の歳月が過ぎ、四人の生活環境は大きく変化しました。「ガンに侵されて、その痛みと闘っている者」、「娘と孫の同居で、生活苦に陥った者」、「脳梗塞で半身マヒになった者」、「目と耳が不自由になった者」。悲しみに打ちひしがれた通夜の、あの夜には考えもしなかった現実に、誰もが閉口していたのです。


十三回忌が訪れました。

その席で、ひとりが何気なく、

「きっと透ちゃんは、人生の中で、一番いい時に亡くなったんだね」

と話すと、ほかの三人は口々に、

「透ちゃんは良かったね」

と言ったのです。

四人全員がそろった法要は、この時が最後でした。

◇感じたこと

たしかに、医学的に言えば透ちゃんの病気には、禁酒と禁煙の指示は適切でした。しかし、透ちゃ

1　喘息が悪化する原因には、アレルギー性のものと非アレルギー性のものがあります。アレルギー反応を起こす食品には、肉類が多いようです。

んは、そんなことにはお構いなしに、毎日を自由に生き生きと過ごしました。私は今でも、私的生活を満喫していた、あの暮らし方がよかったのだと信じています。

◇ケアマネの視点

「愚行」とは、どのようなことを指すのでしょうか。

《愚行（権）》

透ちゃんは主治医に、「禁酒・禁煙・脂身が多い刺身の摂食禁止の指示」を受けましたが、その指示には従いませんでした。愚かな行為と言えば、それまでです。

この行為を他者が見て「それは許されることだ」と本人の行動を容認し、支持する時、「愚行権を行使している」と表現することがあります。言い換えると、「愚行（権）」は本人の自己決定が許される事柄で、他者に危害を及ぼさない範囲の行為ということになります。

人は「よりよく生きたい」と願う時、結果を恐れずに、自分が信じたことに従って行動をとるものです。具体例が、成年後見関係の書籍にありました。一緒に確認してみましょう。（C）《ケース4―10》をご覧ください。以下、引用です。

愚行権

（c）ヘビースモーカーの成年被後見人がタバコの購入を希望した場合《ケース4―10》

成年被後見人Xは極度のヘビースモーカーである。Xがタバコ1カートンの購入を希望した場合、成年後見人Aは、Xの希望を尊重して購入を手配するべきか？

過度の喫煙が健康に悪影響を与える危険性は、一般に認知されています。特に近年では、健康増進法の施行などもあって分煙化や禁煙エリアの増加なども進み、禁煙に向けた社会的な圧力がどんどん大きくなってきています。こうした社会の流れを踏まえると、Xの健康に与える煙草の害を重視して、Xの健康状態の維持・向上を図るために、成年後見人Aはタバコの購入を拒否すべきであるという考え方も成り立ちそうです。

しかし、いくら愛煙家の肩身が狭くなってきているとはいっても、今のところ、わが国では成年者の喫煙自体は一般的に合法的な行為です。したがって、成年後見人個人の判断のみによって利用者の喫煙の自由が制限されることは、決して好ましいことではありません。たとえば、成年後見人自身が最近禁煙を始めたからといって、それを利用者にも押し付けるというのは、自分に与えられた法的権限の乱用であるといって差し支えないでしょう。

一般の成年者と同様、成年後見制度の利用者にも、たとえ社会的にはマイナスの評価を受けがちな行為(愚行)であったとしても、それが合法行為として評価されるものである限りは、自らの自己決定に基づいて、あえてその愚行を選択する自由が保障されるべきだと言えるからです。人には、良いところや美しいところもあれば、醜い所や愚かなところもあります。ノーマライゼーションの視点を貫徹しようというのであれば、利用者に対する特別視はできる限り排除していき、高齢者や障がい者の心のなかにも「愚」や「悪」という要素が当然に存在しているのだという事実を直視する必要があるのではないでしょうか。たとえば高齢者や障がい者が、「高齢者だから、障がい者だから」という理由だけで、公営ギャンブルや風俗産業(ことに性風俗産業)を楽しむことが許されないというのは、ノーマライゼーションの理念にはそぐわない発想だといえます。いわゆる「愚行権」や「愚行の自由」は、原則的には成年後見の利用者にも認められていくべきでしょう。

上山泰『専門職後見人と身上監護』（民事法研究会、２００８）８４―８５頁から引用しました。

《見せかけの自己決定》

自己決定の名を借り、本人の意思を反映しているかのように見せて、実は、他者が決定している状態のことを「見せかけの自己決定」と呼んで、区別する人がいます。

透ちゃんを例にして、考えてみましょう。家族や知人にとって、透ちゃんの「健康」や「長生き」は大きな願いです。これを透ちゃんも望んでいると決めて、タバコを取り上げたり大トロの刺身を食べないように言い聞かせたりすることは、往々にして起こりそうです。

これは、周囲の人たちの思いを優先した決定にすぎません。このような場合を「見せかけの自己決定」と呼んでいます。気を付けましょう。

《自己決定権》

私たちは、日頃、迷いながらも、自分のことは自分で決めて暮らしています。

介護の職場でも、利用者の「自己決定（権）」を巡って議論になりますが、混乱してしまうことが多いです。これは、「自己決定」の概念が広く、その中の一部である「自己決定権」と混同してしまうためです。

「人権としての『自己決定権』」は、次の解説（憲法十三条）のとおりです。この権利が及ぶ範囲と今日的な論点を知っておくことは有益です。

また、介護サービスの利用者に自己決定の支援を行う時は、利用者が情報を選択し、「意思表示」ができるまでの時間を十分に取り、次の点にも配慮することが望まれます。

① 提供した情報に偏りがないこと
② 選択する能力が確かであること
③ 見せかけの自己決定にならないこと
④ 結果の良し悪しは問わないこと

なお、利用者が判断能力に欠ける時は、専門家に相談しましょう。

自己決定権について法律学小辞典では、次のように解説しています。

自己決定権とは（他人に害を及ぼさない限り）自己の判断に基づき好きなことをなしうるという権利。人格的自律権とも呼ばれる。法哲学、民法、刑法などの領域でも議論されており、患者の自己決定権はその代表例である。しかし、このような文脈における自己決定権は、必ずしも憲法上の人権であるとは限らない。

憲法上の人権として自己決定権は、原則として、幸福追求権条項［憲法13条］により根拠づけられうる。

そのうち、専《もっぱ》ら1人の個人にかかるものとして、身なり、自己傷害・自殺、治療拒否などの自由がある。

第三者の力を借りて1個人が行うものとして、ポルノ鑑賞、人工妊娠中絶、安楽死などの自由がある。

同意した2人の個人を主体とするものとしては、結婚・離婚や同性愛行為などの自由がある。

そのほかに、憲法論を扱った裁判事件となったものとして、自己消費目的で酒を造る自由が挙げられる（最判平成元・12・14）。

これらの自己決定権は、合理的な制約に服しうる（「公共の福祉に反しない限り」で認められる）。

なお、『憲法フィールドノート』の注記では、

「憲法13条は『個人の尊厳』をうたうが、個人が個人として尊重されるためには、個人の自律を認め、自己責任の下で自身に不利、もしくは危険な行為さえも行う自由が保障されている必要がある。

このように個人の自律にゆだねられるべき私的事項に対して、個人が有する選択の自由を自己決定権と呼ぶ。憲法解釈としては、13条の『幸福追求権』に読み込むことがなされる。髪型服装の自由、登山、バイクなどの危険行為の自由、死ぬ自由、生まない権利（中絶の権利）などが問題となる。（略）」

と説明しています。

編集代表金子宏『法律学小辞典』（有斐閣、第4版、2004）478頁、及び棟居快行『憲法フィールドノート』(日本評論社、2版、1998)100―101頁から引用しました。(段落分けは筆者が行いました)

4章　団らんのひと時①――長く生きる悩みへの受け答え

D有料老人ホーム[1]では、休日の昼食後にも「団らんのひと時[2]」を提供しています。入居者は、一階の小ホールに思い思いに集まり、そこで、気心の知れた人たちと向かい合わせに座って、わいわいがやがやと好き勝手な話をして過ごします。

小ホールは事務室の前にあり、介護職員のほかに、時折、手招きされて、施設ケアマネの私も参加します。日曜日のケアマネ業務には、家族の来訪や施設見学者などの来客応対があり、その間には、遠方に住む家族から安否確認の電話が頻繁に掛かって来て、大忙しです。

この日、集まった人たちの顔ぶれは一階と三階の入居者が多く、「延命治療」を話題にして盛り上がっていました。確か数日前の新聞記事に安楽死のことが載って、みなさんの関心が高まっていた時期だったと記憶しています。

飯田さん「この歳になると、いつどうなっても構わないよ。これ以上の長生きは、いらんからね」

ケアマネ「そのように思われていたのですね」

飯田さん「年寄りは若い人に『汚い』って言われるし、介護で世話にもなるからね。もうすぐわたし満で九十(歳)だよ。昔はねえ、こんな年寄りわたしの周りにいなかったものさ。
ああ、恥ずかしい」

ケアマネ「ひ孫さん、よく来られています。きっと、頼りがいのある大お婆さまなのでしょう。
ひ孫さんのためにも元気で一日も長く過ごされてはいかがでしょう」

飯田さん「ひ孫じゃないよ。やしゃご[3]だよ。孫の次はひ孫、ひ孫の次がやしゃごさ。ああ恥ずかしい。わたし、そんなに命根性汚くないよ」

ケアマネ「それでは、百歳までは元気に生きる、ということでどうでしょうか」

隣の席でうなずいていた宇山さんと遠藤さんも参加して、

1　有料老人ホームの種類は大きく三つに区分されており、健康型、住宅型、介護型があります。この中で、施設内のサービスとして介護を提供している形態を、「介護付有料老人ホーム」と呼んでいます。参考として、この章の末に、介護付有料老人ホームの「介護サービス等の一覧表」を添付しました。

2　老人ホームの一日の中には、入居者が集まってお話をしたり、お茶を飲んだり、ゲームをしたりする時間があります。このレクリエーションの提供種目やその呼び方はさまざまで、「団らんのひと時」もそのひとつです。章末の表では、左欄の下から九段目に、左欄のような「午後のだんらん」と表示があります。

3「玄孫」と書いて「げんそん」または「やしゃご」と読みます。孫→ひ孫→やしゃご　の順です。

宇山さん「そうよ。ワタシは今九十八で、今年九十九歳。でも、こんなに元気。百歳まではと思って頑張っているのだから」
遠藤さん「ただいまの人生の目標『百歳到達』って、とても元気が出るお話ね」
―一同、大笑い―
飯田さん「とにかく長男が健在なうちに、わたしの葬式を挙げてほしいの。これがね、わたしの最後の希望。大正時代に生まれて昭和初期に育った者が、この目で見て来た世の中の『幸せ』なの」
宇山さん「それにしても先に逝《い》った主人は、いったいいつになったらワタシを迎えに来てくれるのかしら。長生きしてる、ワタシが悪いんじゃないのよね」
ケアマネ「そうですよ」
遠藤さん「あたしなんかもまったくその口で、『お迎え』なしのタイプ」
―一同、大笑い―
飯田さん「夫は若くして亡くなったから、もう、わたしのことなんかとっくの間に忘れて、あの世でほかの女の人と楽しくやっているんだよ。男は、いつまでたっても男だから」
―一同、大笑い―

遠藤さん「長く生きた分だけ苦労は一杯したんだけど、それはいつも夫のため、子どものため。よーく内職[1]で夜なべしたものよ」

―一同、大笑い―

この後、私は、尋ねられるままに『ぽっくり寺[2]』のこと、『ボケ封じのお守り[3]』のこと、『延命治療は拒否します』の用紙のことなどを話しました。

少し間を置いてから、

宇山さん「ボケ封じ、それって素敵。気持ちが軽くなるわね。これまで百歳まではボケないようにと思って、毎日、日記を書き、絵手紙を作り、折り紙をして過ごして来たの。この歳になると『死ぬ』のは身近な出来事で仕方がないと思うものね。でも百歳になったら、目標、なくなっちゃう。どうしましょう」

1　主婦などが家事の合い間にする賃仕事です。遠藤さんたちが若い頃に行った内職では、自宅で行う針仕事（裁縫、編み物）が代表的です。出来上がった品物を依頼主に届けて、工賃を受け取る仕組みです。

2　お寺は全国各地にあり、呼び名は異なります。私も以前、ＪＲ仙山線で山形に向かう途中の沿線で見かけました。お参りすると、長く病床につかず、ポックリと亡くなると伝え聞いています。

3　真言宗のお寺などで売っています。一個五百円でした。

―一同、笑ってうなずく―

飯田さん「何もしないで、ただ生きて『居る』というのは、辛いものさねえ」

―一同、大きくうなずく―

遠藤さん「百歳になったら、またゼロ歳からやり直せばいいのよ。きっと、そんな感じなのが人生よ」

―一同、うなずいて、笑い出す―

施設の午後三時は、お茶の時間[1]です。小ホールに集まった入居者たちは散会し、自室がある階の食堂に移動して行きました。

翌日、居室周り[2]をしました。居室の扉を開けると、正面の窓の横に「延命治療は拒否します」と書かれた紙が貼ってありました。

◇感じたこと

元気でいるためには、本人が納得して「目標」を決めて、それを行い、「これでよし」と思う自己肯定感を抱くことです。老いも若きも日々の過ごし方のポイントは同じなのだと気が付きました。

◇ケアマネの視点

尊厳死と安楽死はちがうのでしょうか。

《尊厳死と安楽死》

利用者の話題は、色々です。「団らんのひと時」での会話は、三人の念頭に「自然死」もしくは「尊厳死」があって、これを前提にしていました。ここで尊厳死と安楽死の内容を確認しましょう。

法律学小辞典では、次のように解説しています。

尊厳死とは、植物状態の患者に対する生命維持治療を中止して、品位ある死を迎えさせる

1　57頁の注2を参照。

2　老人ホームで職員が入居者の安否を確認したり、相談を受けたりするために各居室を訪問することをいいます。この訪問には定期訪問と随時訪問とがあり、呼び方は「お部屋周り」「居室訪問」など、まちまちです。

ことをいう。

〝安楽死〟の場合と異なり、患者に耐え難い苦痛はなく、意識のない状態にある末期患者について問題となる。刑法上、患者の〝自己決定権〟を重視して、〝承諾殺人〟罪にあたる治療中止行為の〝違法性〟が阻却されることがあるのかが問題とされる。

また、事前になした尊厳ある死を選択するという「生者の意思」（リビング・ウィル）は有効かも問題となる。

安楽死とは、ひん死の状態にある者の苦痛をとり除くためにその者の死期を早める措置。安死術又はオイタナジーともいう。

古くからその合理性が問題とされてきたが、違法とされるときは〝殺人罪〟同意殺人・自殺関与罪としての処罰を免れない。安楽死にもいくつかの類型（間接的安楽死、消極的安楽死・尊厳死、積極的安楽死、不任意の安楽死）がある。

※　消極的安楽死：末期患者に装着させた人工延命装置を取り外し、自然のままに死なせる行為は、特に尊厳死あるいは自然死と呼ばれる。合法とされている。

なお、『憲法フィールドノート』「2自己決定権」の注記には、

尊厳死が人間としての尊厳をもって死ぬために無意味な延命治療などを拒否する哲学的な観念であるのに対して、安楽死は苦しみなく死ぬという即物的な観念である。患者に頼まれて苦しみから逃れさせるために生命維持装置を外すなどの消極的安楽死から、薬物の投与などで死なせる積極的安楽死までさまざまの形態があり、その当否は個別に検討する必要がある。

と記載されています。

編集代表金子宏『法律学小辞典』（有斐閣、第4版、２００４）８―９、７７５頁、及び棟居快行『憲法フィールドノート』（日本評論社、２版、１９９８）３６頁から引用しました。（段落分け、太字は筆者が行いました）

区別が付きましたか。安楽死の中に尊厳死があるのです。ただし、考え方や取り扱い方は時代の進展に伴って変化します。

なお、私が勤務した施設では、職員は次のことを話題にしてはいけないと言われていました。理由は、楽しく過ごす施設生活にはなじまないからです。

（1）人生観……価値観は多様で人によって微妙にちがいます。人生観に至ってはなおのことです。

（2）宗教（心）……この話題は、最初に信じる者と信じない者との世界観の対立が生じてしまいます。

（3）死に対する「考え・思い」……思わず尋ねてしまうと、そのあと収拾が付かなくなります。

《「延命治療は拒否します」ほか》

介護サービスの提供中に受ける質問には死に関連すること、認知症の罹患《りかん》に関することがあります。

これらの質問に対して、私は次の手順で進めています。

1　はじめに、利用者の気持ちを少し聞き、

2　次に、この性質の問題は利用者自身で結論を出すものであると伝えて、

3　そのあとに、左記のように話します。

延命治療のケース

「延命治療を『受けるのがよいか』『受けないのがよいか』は、本人にしか決められません。延命治療の長所は……で、短所は……だと言われています。また、延命治療を希望しない時には、明確に、その意思を示すことが必要になります。どのように記載するかでお困りでしたら、その一例として中村仁一氏の『私の事前指示その1』をご覧ください。必要でしたら、この用紙をお持ちになって、自分の考えに従って書き直してください」

―また、利用者が緊急入院して、病院から問い合わせがあった時には―

・延命に関する意思を記載した書類の有無

・これまでに本人が延命に関して話した「お話」

の二つを報告します。最終的な判断は病院にゆだねています。

【見本】

延命治療は拒否します

「医療死」より「自然死」が好みのため、意識不明や正常な判断力が失われた場合、左記を希望する（ぼけた時は、ぼけきる直前に「断食死」を敢行するつもりだが、タイミングをはずす場合も考慮して）。

一、できる限り救急車は呼ばないこと

一、脳の実質に損傷ありと予想される場合は、開頭手術は辞退すること

一、原因のいかんを問わず一度心臓が停止すれば蘇生《そせい》術は施さないこと

一、人工透析はしないこと

一、経口摂取が不能になれば寿命が尽きたと考え、経管栄養、中心静脈栄養、末梢静脈輸液は行わないこと

一、不幸にも人工呼吸器が装着された場合、改善の見込みがなければその時点で取り外して差し支えないこと

二〇一七年〇〇月〇〇日

〇〇　〇〇

中村仁一『大往生したけりゃ医療とかかわるな』（幻冬舎新書、２００６）２０１頁から引用し、筆者が見本用に「延命治療は拒否します」とタイトルをつけました。

以下、ケースごとの応用です。

自殺企図のケース

「施設職員の私に『死にたい』と話されても、基本的に関わってはいけないとされている問題です。それに、どのようにお答えしてよいか分かりません」

―そこで、少し方向を変えて―

『ぽっくり寺』のことを説明しています。あっけにとられる人もいますが、この類の問題は、他人に相談して決めるものではないと気付く人が多いです。『分かった』と言って居室に戻って行かれます。

認知症になるのではと心配されるケース

「どなたも、ボケていくのが嫌でたまらないとおっしゃっています」

―この時には―

『ボケ封じのお守り』があると話しています。ご利益のほどは分かりませんが、本人の思いに近く、購入したいと言う人がいます。相談前の思いつめた表情が緩み、『そういう方法もあったんだ』と、平常心に戻るきっかけにはなっています。

認知症の予防は日進月歩です。以前に比べると、高齢者が心配する気持ちはかなり薄らいだ感じがします。

次の見開きの表は、株式会社陽光にお勤めのケアマネージャーである三好豪氏が作成されたものです。三好氏とは介護付き有料老人ホームの創設時にご一緒させていただきました。とてもよくできていると感じたので、許可を得てここに引用させていただきます。ただし、A３サイズであり、本書ではスペースの都合上、全体を掲載できませんでした。省略版であることをお断りいたします。

〔編集部注〕なお、表の全体は弊社のホームページ http://www.harukazeshobo.com/odayaka/ からダウンロードできます。

介護サービスの一覧表・左上（三好豪氏作成）

	自　立		要支援1～2		要介護1～3	
介護を行う場所	一般居室		介護居室		介護居室	
支払区分／サービス内容	月額利用料に含むサービス	利用者負担が伴うサービス	介護保険給付及び月額利用料に含むサービス	利用者負担が伴うサービス	介護保険給付及び月額利用料に含むサービス	利用者負担が伴うサービス
介護サービス						
巡回						
昼間　7～21時	−	−	常時見守り	−	常時見守り	−
夜間　21～　7時	−	−	2時間毎巡回	−	2時間毎巡回	−
食事介助						
通常食	−	−	必要時一部介助	−	必要時一部介助	−
水分補給	必要に応じて	−	必要に応じて	−	必要に応じて	−
居室配膳・下膳	−	1回　100円	食堂での摂食を支援	1回100円（病気等の場合は除く）	食堂での摂食を支援	1回100円（病気等の場合は除く）
排泄						
排泄介助	−	−	必要に応じてトイレでの排泄の一部介助	−	必要に応じてトイレでの排泄の一部介助	−
おむつ交換	−	−	就寝時に着装し起床時に着脱	−	必要に応じ交換	−
おむつ代	−	自己負担	−	自己負担	−	自己負担
ポータブルトイレの使用	−	−	汚物処理・洗浄はその都度	−	汚物処理・洗浄はその都度	−
入浴等						
清拭	病気等で入浴ができない場合週2回	−	病気等で入浴ができない場合週2回	−	病気等で入浴ができない場合週2回	−
個浴介助	−	−	週2回　入浴時介助	−	週2回　入浴時介助	−

介護サービスの一覧表・左下（三好豪氏作成）

入退院時・入院中のサービス						
入退院時の介助 手続き援助・代行	―	1回の入退院 1，000円	―	1回の入退院 1，000円	―	1回の入退院 1，000円
	―	自己負担	―	自己負担	―	自己負担
お見舞い・連絡等	必要に応じて週に1回程度	―	必要に応じて週に1回程度	―	必要に応じて週に1回程度	―
移送サービス	―	1回 500円	入退院時の送迎・付添	―	入退院時の送迎・付添	―
入院中の洗濯	―	自己負担	―	自己負担	―	自己負担
その他のサービス						
午後のだんらん	おやつ・お茶の準備と声かけ（おやつ・お茶代は食費に含まれています）	―	おやつ・お茶の準備と声かけ（おやつ・お茶代は食費に含まれています）	―	おやつ・お茶の準備と声かけ（おやつ・お茶代は食費に含まれています）	―
行事食	通常食との差額は食費に含まれています	―	通常食との差額は食費に含まれています	―	通常食との差額は食費に含まれています	―
金銭・預貯金管理	―	月 500円	―	月 500円	―	月 500円
金融機関への送迎・付添（○○町内）	―	1回 100円	―	1回 100円	―	1回 100円
外出の付き添い（原則 家族対応）	―	○○町内 500円 ○○市内 1，000円 （車輛及び運転手の都合による）	―	○○町内 500円 ○○市内 1，000円 （車輛及び運転手の都合による）	―	○○町内 500円 ○○市内 1，000円 （車輛及び運転手の都合による）
入院。 入浴時の金品管理	―	1日 100円	―	1日 100円	―	1日 100円
テレビ受診料	―	各自契約	―	各自契約	―	各自契約
館内レクレーション	―	自主運営 各自負担	―	材料費一部自己負担	―	材料費一部自己負担
館外活動	―	自主運営 各自負担	―	バスチャーター代等一部自己負担	―	バスチャーター代等一部自己負担

5章　団らんのひと時②――こだわりの理解、反りが合わない時

D有料老人ホームの「団らんのひと時」のことです。

この日、昼食後の一階の小ホールに集まった人たちは、男性と女性とが半々で、その中にものごとを厳格に考えるタイプの尾形さんがいました。いち早く誰かに何かを伝えたいという雰囲気で、施設ケアマネの私の参加を待っているようでした。

私は早々に事務室の電話機を小ホール側に近いカウンターに移して、いつでもお話が伺える環境を作りました。

尾形さんは代用教員から教職を志した人です。定年退職後は長期にわたって町内会長をしていました。尾形さんは、北海道で生まれて雪深い街で過ごしました。

「ずうっと考えて、分かったことが二つある。八十年生きて来て、おそらくまちがいがないと確信したので聞いてほしい」

と切り出し、次のように話しました。

「そのひとつはゴミの問題で、ゴミはどこに落ちていてもそれを拾ったからといって、文句は言わ

れない。もちろん他人の敷地にある場合でも、誰が見てもゴミだと判断できる物は、拾い集めて処分しても、苦情は発生しない」

「もうひとつは除雪のことなんだが、雪かきをしていて、隣の敷地にある雪を少々自分の敷地の雪山に運んだからといって、泥棒とまでは言われない。感謝の言葉はないのだが、口論にもならない。ただし、歩道に積もっている雪の場合は難しい。自宅の敷地に面している雪であれば、自分の物として処分しても良いのだが、隣の家や向かいの家に接している歩道の雪は、相手に了解を取らないといけない。その除排雪の理由に、自分の家の中から眺めるとうっとうしいとか、車の出し入れに邪魔だとか、は認められないのだ。ここまでで分かったことは、勝手に除雪をすると、相手は自分が怠け者だと非難されていると思うらしく、しない方が近所付き合いはやり易いということだ」

とても厳格な人でした。車の運転では、国道や高速道路の制限速度を超過したことが一度もなく、「ルールはルールだ」と主張して、みんなで守れるのがルールであると日頃から考えていたのです。

尾形さんにとって、ゴミと雪の問題の結論は一大発見でした。話し終わると、安心した表情で居室に戻って行きました。

別のテーブルの二人は、言い争いを始め、大声を出しています。七十代後半の男性、川島さんと九十代前半の女性、木下さんです。二人は北海道で生まれ育ちました。

川島さんは、すい臓ガンで入退院を繰り返していました。ほかに肺気腫[1]があり、在宅酸素療法を受けて、施設内では携帯酸素ボンベを片手に引きながら移動します。結婚歴はなく、子供はいません。北海道に住んでいた兄弟はすでに他界し、身内は本州に住む姪ただ一人でした。

一方、木下さんは、裕福な家庭の一人娘として育ちました。父親が経営する会社の取引先の中で、将来が嘱望《しょくぼう》される青年と「お見合い結婚」[2]をして、一男一女をもうけ、お孫さんもいます。ところが、震災の影響でＰＴＳＤ[3]になって、一人暮らしができなくなり、施設に入所[4]して今日を迎えます。

二人の会話です。

川島さん「俺だって好きこのんで、こんな風になったんじゃない。漁師のセガレに生まれて、ただ跡を継いだら、ある年から急にニシン[5]が来なくなって、漁を続ければ、続けた分だけ赤字になるからやめただけだ。やめたら食べて行けなくなって、出稼ぎに出た。

そしたら、今度は飯場暮らしさ。気が付いたら、いい歳になってて、ある日、咳止めをもらいに病院に行ったら、ガンと肺気腫だ、と言われたんだ。(木下さんは、喫煙をやめないこと、結婚をしなかったことを非難していて)甲斐性なしって、今さら言われても遅いんだよ。酒、タバコ、やめたからって、誰一人幸せになんかできないんだ。そんな説教は俺の四十（歳）の時にでも言ってくれりゃあ良かったんだ」

それでも木下さんは、「男なのに、後先を考えない行動は最低です。男の人は家庭を作り、一家

---

1 ［広辞苑には］肺胞が拡大して、肺胞壁が萎縮消失し、肺が持続的に拡張する状態。換気障害・右心肥大・右心不全などを来す。慢性気管支炎・喘息などに伴って、またガラス吹き工・運搬夫などの職業病として起る、と記載されています。

2 結婚に至る形態のひとつの呼び方です。この時代は、「男女、七歳にして席を同じくせず」と言われており、このため、結婚の多くは仲人が間に入って、結婚を前提とする見知らぬ男女を会わせて、両者が合意すると結婚をしました。（比較する形態には、恋愛結婚、職場結婚などがあります。）

3「心的外傷後ストレス障害」のことです。症状には、外傷体験の繰り返しの侵入（悪夢、フラッシュバックなどの想起）、意識野の狭窄（外傷を想起させるような刺激を回避し反応性が下がる。外傷体験の健忘もあり得る）、過覚醒（覚醒性の亢進があり、睡眠障害、集中困難など）の三つがあります。

4 介護保険では老人福祉施設、介護老人保健施設、介護療養型医療施設に入ることを施設入所といいます。介護付有料老人ホームの場合は、法的には平成十八（2006）年度から「入所」ではなく「入居」と呼ぶようになりました。しかし、介護に携わっている人も区別をしないでどちらも使っています。

5 北海道沿岸でのニシンの漁獲量は、昭和一三（1938）年頃は百一万トンでした。しかし、昭和三十（1955）年頃には五万トンを切り、その後さらに減少の一途を辿りました。

を支えてこそ価値があるのです」と話を続けていました。

収まりが付きません。私は二人の間に割って入り、

「過ぎたことは、今となってはどうにもできないことです。それよりも、今日から明日に向かって大切に過ごしませんか」

と話しました。

川島さんは、落ち着きを取り戻し、

「当たり前の話だ」

と言って、その場を立ち去りました。

木下さんはそのまま座っていたので、今後の希望を尋ねました。

木下さん「足が少し、不自由になりました。送迎と付き添い介助をお願いして、皮膚科を受診したいと思っています」

ケアマネ「承知しました」

木下さん「それで、段差のある所では、わたしの手を取って一緒に歩いてください」

といたずらっぽく笑います。

キョトンとする私に「あら、年寄りの手を握るのは、ケアマネさんでも気持ちが悪くて嫌ですか」と続けます。

ケアマネ「いいえ。それよりも、どのような治療を受けられるのでしょうか」

木下さん「顔と首のイボを採って、そのあと、街に出て買い物がしたいのです。一緒に行ってくださいね」

と半ば強引です。

けげんな表情を見せる私に、今度は、

「こんな年齢のわたしが、今からイボを採って、どうするのかと思っているのでしょう。いくつになっても女は女。いつまでも、きれいで可愛らしくいたいのです」

と話して、微笑《ほほえ》んでいました。

◇**感じたこと**

人はそれぞれに、こだわることがちがいます。このことをあらかじめ理解しておくと、利用者の支援活動はスムーズに進みます。

また、単に反《そ》りが合う、反りが合わないだけの見方に留まらず、さまざまな視点からの工夫が求められていると感じました。

◇ケアマネの視点

「パーソナルスペース」、人間関係の「3・3・4の法則」を信じて活用しています。

川島さんと木下さんの会話から推察して、二人が「反りが合う」関係にあるとは考えられません。さらに、木下さんにはPTSDがあるので、攻撃性やイライラ感の症状が強く現れた時期だったのかもしれません。

しかし、介護の職場で、こうした場面に遭遇することは日常的で、避けては通れない課題です。例えば、この二人を施設内で、顔を合わせないようにするとしたら、居室階を替える、食堂の座席を替える、などの工夫が必要になります。

対人援助関係の基礎知識（技術）として、①「パーソナルスペース」②「3・3・4の法則」③「準拠《じゅんきょ》集団の影響」を理解しておくと、だいたいの状況には冷静に対処することができます。

《パーソナルスペース》

ご承知のとおり、信頼関係の形成・維持には、心理的な距離間（感）を意識する必要があります。これをイメージするには、「パーソナルスペース」の絵図が、とても分かりやすく、また他者に伝える時にも便利です。

この絵図で、仕事上の立ち位置・距離は、「社会距離」にあたります。「心の距離」が近すぎると拒絶感が芽生えて、対立しやすくなります。職務の円滑な遂行《すいこう》に当たっては、何気なく注意を払うように努めましょう。

心の距離を表すパーソナルスペース

パーソナルスペースとは「相手の侵入を許せる距離」、いいかえると「**これ以上は近寄るな**」という、目に見えない個人的な縄張りです。**縄張りの範囲は、相手との関係によって狭まったり広がったりします**。アメリカの文化人類学者エドワード・ホールはこの距離を四つに分類し、それぞれの距離に名前をつけました。

パーソナルスペース

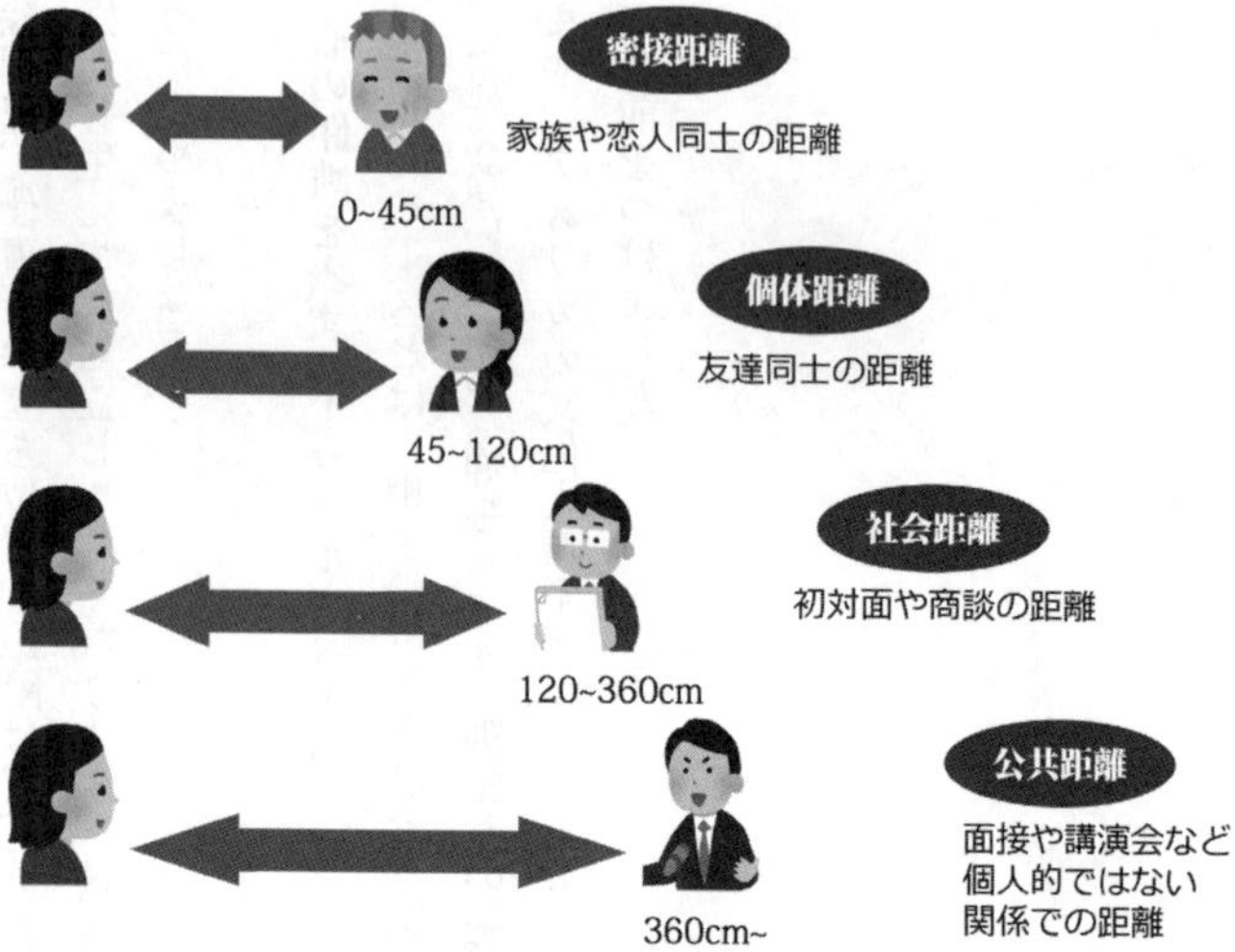

密接距離 ： 0～45ｃｍ　家族や恋人同士の距離

個体距離 ： 45～120ｃｍ　友達同士の距離

社会距離 ： 120～360ｃｍ　初対面や商談の距離

公共距離 ： 360ｃｍ～　面接など個人的でない関係の距離

古宮昇『はじめての傾聴術』（ナツメ社、2012）105頁から引用しました。（太字は筆者が行いました。また図は筆者が引用元を参考に作成しました）

《3・3・4の法則》

人と人との関係には、うまくいく時とうまくいかない時、そのどちらでもない時があります。これを自然に発生する感情の好き嫌いとどちらでもない気持ちに置き換えると、この割合が「3・3・4」になると考えた人がいます。その記述をご紹介します。

3・3・4の法則

「DODA」と書いて、ドーダではなくデューダと読む。転職のための雑誌名である。

私はその雑誌の名古屋版に「Q&A」をつづってだいぶ長くなる。

最近は会社の業績が低迷しているために、「好条件を目指しての転職」より、「社業不振のため、やむを得ざる転職」が増えており、会社の見極め方、特に、成長企業をどう探すか、ダメな会社をどのようにして見分けるかといった質問が多い。

それとともに、人間関係で悩み転職したい、という相談も増えている。

この方面の相談は、人間の選択や自分の存在に関する〝永遠のテーマ〟であり、実に難しいからいつも頭をひねってしまう。

良き会社との出会い、良き上司、同僚との出会いは何か運命的なものがあり、なかなか単純な物言いはできない。

ある会社をどう見るか、ある上司をどう見るか——、これは各人の「心の問題」でもあるから難しいのだ。

ただ、人間関係の問題で一つだけ言えることは、「集団で働く男女は必ずイヤな人、嫌いな人との出会いがある」という事実である。

官庁にせよ諸団体にせよ、イヤな上司、嫌いな同僚を持たずに楽しく働ける人はあまり見たことがない。

そう、万人は人間関係の下で苦しむようになっているものなのだ。

私は「3・3・4の法則」があるのではないかと思っている。

これは私だけの考え方で、笑い飛ばされてもよいが、組織へ入ると普通、「三割の好きな人と出会い、三割の嫌いな人と出会い、四割の人とはナンデモナイ関係になる」といったことである。

自分がある企業へ入社したとして、出会うすべての人が嫌いというのなら辞めて転職すべきだ。が、三割ぐらいの嫌いな上司、同僚と出会ったとしても、「それが平均値」と思ってほしいのである。

働く人のもらう賃金の三十パーセントは、おそらく「イヤな人間関係への慰謝料」なのではないか。

そんなふうに考えてみる。


本多信一[1]『心の妙薬——生き方キーワード』（北海道新聞社、1995）193—196頁から引用しました。


「言い争い」の場面を何回も見ていると、私は、おそらくこの割合の状態が先にあって、自然の流れの中で発生している出来事だと感じるようになったのです。

今では、仕事上で起きるトラブルの解消の糸口に使っています。ただし、これは学術的な研究結果ではありません。一応、こういう見方がある、あるいは、この程度の割合でもともと対立す

1　北海道新聞にコラムを掲載して話題を呼び、北海道民にはなじみ深い人です。また、早くから東京で「現代職業研究所」を開き、老若男女の相談を受けていました。著書は数十冊に及び、その一方で中小企業診断士としても活躍しています。

るのだ、と考えておけばよいのです。そうすると、眼前の対立状態に、いたずらに緊張したり、困惑したりすることが減って、気持ちは幾分、軽くなります。トラブル回避のためにも、活用の余地がありそうです。

なお、「準拠集団の影響」については「14章　むすんでひらいて――準拠集団に思いを馳せる」で説明します。

《支援開始に先立って》

私は、支援業務を円滑・円満に進めるために、これらを組み合わせて使っています。左記はその一例で、訪問時の面接場面の手順です。みなさまの、スタイル作りの一助になれば幸いです。

――訪問宅で――

「パーソナルスペース」を心がけて席に着く。

←

利用者に分かりやすい言葉を使って、説明を進める。

←

どうやら説明している内容が、伝わらないようだ。

←

利用者の個人的な解釈、持論が始まり出した。

←

何に、こだわっているのだろうか。

←

もしかすると相性が悪く、「反りが合わない」のかもしれない。

←

「3・3・4の法則」に照らし、利用者から見て、自分が四割の人になる方法はあるのかを探す。

←

ここで、もう一度、

・言葉使いの「波長合わせ」の再調整
・うなずき方など援助技術の過不足の有無
・心の距離間（感）の微調整
・こだわっている事柄の特定化

などをして、関係改善を図ってみる。

↓

〔それでも上手くいかない時〕

↓

本日の不十分さ・不適切さを謝罪して、訪問目的であった事項を再度伝える。

↓

次回の訪問日時を予約する。

↓

本日の業務を終了する。

⇕

次回の訪問までに「準拠集団の影響」による行動様式も考慮に加えて、支援の入り方を具体的に考える。

大切なもの

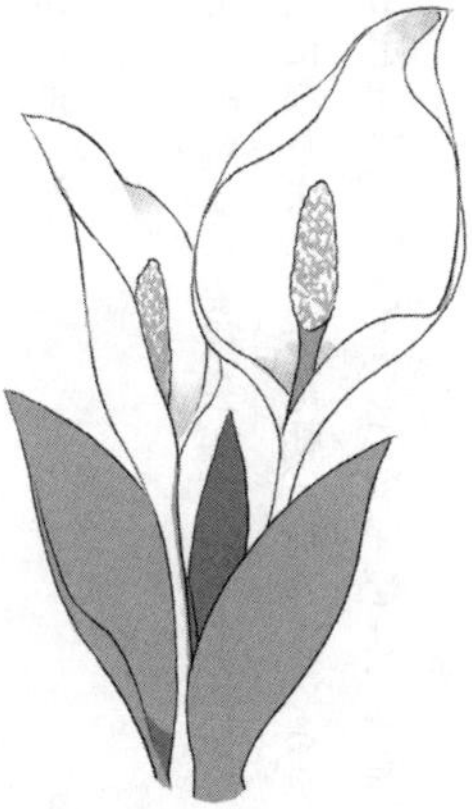

水芭蕉　花言葉：美しい思い出

6章　陽が昇り陽は沈む——死に対するスタンス

今日の仕事は、居室周りです。最初に久保さんを訪問しました。

ケアマネ「もうすぐ四月になります。新年度に向けて、所属する委員会[1]が替わって、私はレクリエーションとリハビリテーションの担当になりました。毎朝、行っているテレビ体操の後に、来年度は嚥下《えんげ》体操[2]を加える予定です。つきましては、ぜひ、ご参加くださいますようお願いいたします」

久保さん「えんげ。たいそう。どんなことをするのかな。ちょっと楽しみです」

ケアマネ「興味がおありでしたら、今、ここでお見せします。体操の効果は、むせ込みや喉つまりが少なくなることです」

用意してきたラジカセで音楽を流しながら、体操の始まりの一部を披露しました。

久保さん「いいですね。ジャズのリズムを使うと、もっと良くなると思いますよ。工夫されることを切に望みます」

と笑って賛成してくれました。

久保さんは、ひと月前まで隣町のE総合病院に入院して、筋萎縮症《きんいしゅくしょう》3の治療を受けていました。主治医に向かって「最後は自宅で過ごしたい。少なくとも、病院で死ぬのだけは勘弁してほしい」と何度も言い続け、「自宅での生活は難しいでしょうが、介護の整った施設に入るのであれば、退院の許可を出します」と承諾を得たのです。

私とは病院からの最初の電話を取ったのが縁で、打ち解けるのは早く、色々な話をするようになりました。久保さんの趣味は音楽鑑賞で、熱狂的なディキシーランド・ジャズのファンです。ご両親を早くに亡くしました。母親は、久保さんが生まれた直後に亡くなり、父親は、その半

1　施設の主たる業務は、介護、看護、給食、生活相談、施設管理、ケアプランの作成です。従たる業務としては、「委員会」を設置して、環境整備、研修、感染予防、レク・リハ、防災などを分担します。章末の「業務・イベントスケジュール表」はその一例ですが、施設サービスの全体像を知るためには役立ちます。

2　口腔内の機能改善や維持向上を目的とし、口の周りの筋肉（口腔周囲筋）や舌を動かしたりする運動で、咀嚼や嚥下の機能を高める体操のことをいいます。

3　徐々に進行する筋萎縮を主徴とする遺伝性の疾患です。通常は四十～五十代で発症し、男女別では男性に多く現れます。罹病率は人口十万人に対して四～六人です。経過により筋萎縮は両側上下肢、体幹など全身に及び、平均三～四年で栄養障害や嚥下性肺炎などで死亡することが多いですが、症例によって経過が長いこともあります。原因は不明で、根治する方法はないと言われています。

年ほど前に交通事故で亡くなっています。文字通り天涯孤独で、児童福祉施設で育ちました。

そのせいもあったのでしょうか。

日々の暮らしでは、制約されることを極端に嫌い、自由な気風をこよなく愛し、笑顔を絶やさないように心がけてもいました。また、自分ひとりで過ごせる時間を、何よりも大切にしていました。

訪室時は、いつもにこやかで、「今日も気持ちは元気です。心配はいりません」とサービス提供者の私にまで気を遣ってくれました。

それでも、仕事の話をしたことはなく、また、私も尋ねたことがありません。結婚は比較的早く、ひとり娘の長女と三人暮らしで、自称「家庭第一主義人間」なのだそうです。

これらを支えているのがディキシーランド・ジャズとのことで、入居したその時から、一日中、就寝の時刻まで、ジャズを聴いていました。時々、来設する奥様と長女と三人で、一緒に聴いていることもありました。

D有料老人ホームでは、毎年十二月に入ると、翌年度のサービス提供計画を作ります。三月には、委員会のメンバー替えの発表があります。レク・リハ部門では、具体的な種目と手順を決めて、次に参加人数を把握します。個別に訪室して、参加意思の有無と実施上の要望を取りまとめます。

本日の訪問は、そのためでした。久保さんが希望した「ジャズのリズムを使う」を、ありがたく拝聴したのです。

体調の把握もケアマネの仕事のひとつです。

ケアマネ「ところで、病気の方はどうなのでしょう」

久保さん「ありがとう。これ以上の治療がないので、良くなるとは期待していません。次第に体の自由を失って、誤嚥《ごえん》性肺炎などになり、最後は心停止です。E総合病院の専門医には、そのように言われています。今も、その過程を、突き進んでいる最中なのでしょう。皆様のご承知のとおりです」

そのあと、少し大きめな声で「アッハッハ」と笑って、

「生きていたら、必ず体操会場に顔を出します」

と返答がありました。

急に生死の話題になって、慌てた私は、

「病床の中で生きるって、どんな感じなのですか」

と尋ねてしまったのです。

それでも、久保さんは落ち着いて、

「そうだねー。朝が来て、夜が来てね。まあ、毎朝、太陽が昇って、夕方に太陽が沈んでいく。その繰り返しかな。振り返ってみると、仕事があって助かりました。その仕事を、何とか続けられて良かったです。でもね、一番の幸せは、家族ができたことですよ」

と感慨深げに話してくれました。


春は来ました。久保さんが、体操会場に現れることはありませんでした。

◇感じたこと

通夜に参列しました。葬儀は、奥様のほか少人数でしめやかに執り行われ、式場には、ディキシーランド・ジャズが流れていました。

今でも、時折、あの時の曲が耳の奥に蘇《よみがえ》って来ます。そのたびに、暖かな人柄と重なり合って、人の一生の在り方を考えさせてくれます。

◇ケアマネの視点

「心配」や「不安」は増幅します。

ケアマネ業務のひとつである介護サービスの調整は、利用者の死亡に伴って終了し、葬儀の参列をもって心的に完結します。

《不安の増幅》

ところで、私と久保さんの会話には問題が残りました。それは、「病床の中で生きるって、どんな感じなのですか」と尋ねた場面です。

誰にでもなにがしかの心配事はあるものです。心配がもとで不安に陥り、不安が不安を呼んで不安症になってしまう人もいます。「心配」と「不安」とは、密接につながっているのです。対人援助においては、不用意に「心配事」や「不安な気持ち」に踏み込んではいけません。いたずらに関わると、どちらも増幅してしまうからです。

この関係の話は、双方に十分な時間があって、さらに、聞き手側の気持ちに、ゆとりがある時に限られます。そうでない時は慎みましょう。

《「最強の人」》

私たちは仕事柄、死に逝く人と向き合わなくてはなりません。

それ程遠くはない将来に、死期を迎える人の気持ちとは、どのようなものなのでしょうか。久保さんは、淡々と「生きていたら」と話し、死の恐怖をあまり感じさせませんでした。

しかし、これまでにお会いした人の中には、病気は必ず治ると信じて、自分の死を受け入れない人がいました。そうした人に出会ったことで、死の受容の困難さも知りました。

「死を恐れぬ『最強の人』」について。『心の妙薬』(本多信一)に登場するOさんという人がいます。

私は、死期の近い人に出会うたびに、Oさんや久保さんのことを思い出し、支援の在り方を考えています。参考になるかは分かりませんが、「死を恐れぬ『最強の人』」をお読みください。


【死を恐れぬ『最強の人』】

五十代、六十代の男女で、まあ現実人生で成功者となっている方々と対話すると、決まって、

「健康で長生きしたいですね！」

とそう言うものだ。

死という必然は、成功者にとっては話題にもしたくないし、

「それを考えるとノイローゼになりますから、なるべく考えないようにしております・・・」

というテーマのようである。

一方、私のところへ来られる老若男女の中に、

（うーむ、この人、最強の方！）

と思える人がいる。

その一人がOさんで、ずっと独身のまま来て、今は七十代前半。むろん、仕事はやっておられず年金生活者。

孤独で病気がちの彼は、

「早くお迎えが来て、あの世の父母に会うのが大いなる楽しみです。私にとって、死ぬ

ことは楽しみですよ・・・。あなたに言われて自殺だけはしませんけれど・・・」

とそのように言う。

もう二十年来のお付き合いになる。

私は昔からその人に、

「人間の本当の仕事は生き抜くことですから、自殺だけはしないでくださいね。それはイノチの創り手としての天への反逆ですから」

と、それだけお願いしてきた。

三十歳の人間が五十歳の彼に、そんなことを言ってみたのだから、はなはだ妙だな、とは思うが、初対面の折に彼の表情に「死の相」みたいなものがあったので、そう言ったのだった。

それでとにかく生き続けてくれて、七十代を迎えたのだから実にめでたい。

孤独かつ対人恐怖かつ病弱というハンディを持つその人は、しかし心の美しい人で、彼の作る和歌は、まことに美しい。

そんなOさんを『最強の人』とみるのは、むろん、死をまったく恐れていないから。

この世の幸せを享受した成功者たちは死を最大に恐怖し、自分の死を免れるためには何でもする気になる。

それは自然なことだが、弱さの表れ、でもあろう。

つまり、死という個人の最後の到達点を前にする年齢になると、弱者が強者になってしまえるということなので、私はすごいことだと感嘆しているしだい。


本多信一『心の妙薬―生き方キーワード』（北海道新聞社、1995）193―196頁から引用しました。

《小さなお別れ、大きなお別れ》

この章の最後に、いつも看取る側にいる介護者やケアマネの心模様について触れます。

死に出会うと、誰もが悲しくなります。介護の職場では、日々、この苦痛と疲弊《ひへい》から身を守る術《すべ》を模索しています。

私自身は、小原信氏の「死は『大きなお別れ』である」の言葉を思い出し、変換方式で乗り切っています。この言葉は、私が若い頃に読んだ倫理学者小原氏の論文に書かれていたもので、記憶では「人の一生には多くの別れがあり、転校・転勤や嫁いだ娘など身近な人が遠くに行ってしまった時の別れを、『小さなお別れ』と言うとすれば、『死』は、その後に再会ができない別れで、『大きなお別れ』と呼ぶしかないのではないか」という内容でした。

「大きなお別れ」が持つ言葉の響きには、止めどもなく襲って来る「悲しみ」が少ないように感じられます。これを利用して、「人の死」に遭遇した時、「死」を「大きなお別れ」が来たと、いつも頭の中で変換しているのです。これだけでも、悲哀感と喪失感は薄らぎます。今のところは、心的外傷を負わずに済んでいます。

みなさまも、工夫をしてみてください。

平成２４（２０１２）年度　業務・イベントスケジュール表（一部）【<> 内は昨年の実施日】

月	年間通してのイベント イベント （事前準備）担当・予算	季節的なイベント （予定）	臨時的なイベント （実施、結果）
4	石・ゴミ拾い 4 中：園芸・畑の準備 畑起こし 1 回目 20,000 円	4/8: 5 月人形を飾る 4/29: 町内のゴミ拾い	4/20: 椿れい子ショウ
5	土入れ 5/5: 端午の節句 <6/6~6/8> 畑作物種まき <6/17.18> プランター植栽 畑起こし 2 回目 20,000 円	5/8.9.10: 花（桜）見（西公園） しだれ桜（○○寺） 5/15 までに 5 月人形の片付け 5/28.30.31: 菜の花見学	5/16: 松尾伴内トークショー 5/18: 紙芝居の始まり 5/20: 小学校の廃品回収 5/21: 日食の観察
6	バスレクの準備 6/ 下 * 外食ツアー 5/10: 富良野の街観察 5/17: バス申し込み	6/9.10.11: 滝川春祭り	6/11: マーヤ合唱団 <6/16> テント張り 6/24: 大須賀ひできライブ
7	7/5: バス旅行　◎担当者…　10,000 円	7/ 中～ 8/ 中 屋外散歩用テント・椅子設置	7/- かき氷 7/- 畑の散歩
8	8/19* 夏祭り 職員全員 8/29 収穫祭 70,000 円	<8/22.23.24> 滝川秋祭り <8/31> トウモロコシ採り	

7章　小学校の卒業生名簿――回想のもつ力

ある時、私の小学一年生の時の担任教諭が健在で、近隣に住んでいると知りました。今はご夫婦二人暮らしで、お元気な様子だと人づてに聞き、訪ねることにしました。

その町は、住居表示が未整備な地域です。四桁の「地番」だけを手掛かりに探しても、街の端から端までを行ったり来たりで、さっぱり目的地に到着しません。それでも駐在所が見つかり、事情を説明して簡単な地図を書いてもらいました。

目指す家は、川沿いの公園のそばにあると分かり、ひとまず入園者専用駐車場に車を止めて、歩いて探すことにしました。

しばらく探し回っていると、庭仕事をしているお年寄りを見かけました。先生のように思われて近づくと、面影が残っており、

「失礼ですが奥丸先生でしょうか。一年一組の内田です。お分かりになりますか」

と声をかけました。するとすぐに「おお」と、嬉しそうに返事が帰って来ます。

ようやく辿り着きました。

「まあまあ、中に入って」

と言われるままに私は家に上がり、持参してきた入学式の記念写真を出して、

「奥丸先生は、私が小学一年生の時の担任でした。この写真では、先生の右隣に立っているのが私です」

　自己紹介を兼ねて、もう一度、名を名乗ると思い出したようです。


　入学式は、五十年以上も前のことです。その日の朝は、雪が降っていました。記憶をたどり、先生は教壇の上に立って、「今日からみなさんの担任になります奥丸です。テストで丸を、百、千、万、億と取れるように一緒に勉強しましょう」と挨拶したと話しました。


　そのあと、先生は、当時のクラスメイトの名前を思い出すたびに、その生徒の近況を尋ねます。

「おおお。彼だよ。彼、今どうしてる。気になっていたんだが、元気なのか」

と聞いたり、

「ちょっと待ってくれ」

と言っては、奥の部屋から小学校の卒業生名簿を運んで来て、卒業生の在校時の思い出を、次か

ら次へと話し続けていました。

先生は、耳が遠くなっていました。カリキュラムの変更で、小学四年生の授業に「水泳」が加わります。授業で水泳を指導し、さらに、水泳クラブの顧問も引き受けたために、中耳炎が治りきらず、ついに片耳が聞こえなくなったそうです。目は年相応に悪くなり、拡大鏡を使ってアルバムを見るのがやっとでした。

先生は、今年八十歳になります。

子どもの頃から、仲の良かった知人の多くは亡くなりました。近隣在住者で生きている者は自分だけになったと寂しげに話したあとに、

「何とか、こうして生きていられるのは、わたしなりの『長生きの秘訣《ひけつ》』があるからだ」

と言って、その極意を伝授してくれました。

一、規則正しい生活をすること

一、ぜいたくな食事はしないこと

・主食は五穀米にする

・おかずは、肉よりも魚を多めにする
・魚は開きホッケにする
・野菜から食べる
一、一日の中で、必ず散歩をすること
・午前中に三〇分間
・できれば午後にも三〇分間
一、体を温めること

そのあとで、「もっとも、これが本当にいいことなのか、自信はないけどな」と話して笑っていました。

私は私で、間もなく定年退職になること、断捨離を開始して荷物を廃棄していること、道内旅行に併せてお世話になった人に顔出しをしていること、などを話しました。

先生は、卒業生名簿と卒業記念アルバムを交互に眺め、思い出話は尽きませんでした。その間、奥様は幾度もお茶を入れては運んで来てくれました。その何回目かの時でした。

奥様は私の方を向いて、

「わたし、今日、やっと分りました。この人（先生のこと）に何度も何度も、名簿とアルバムを捨ててとお願いしたのに、ずうっとそのまま取ってあったんです。さっきから、この人の様子を見ていて、これがこの人にとって、一番大切なものだったんですね。今日、あなたが来てくれて、それが納得できました。わたしに気付かせてくれて、本当にありがとうございました」

涙を浮かべながらも、嬉しそうに話していました。

◇感じたこと

先生には、これまでも、これからも、生徒たちと過ごした時間が一番大切なものにちがいありません。

その「出来事と思い」は、卒業生名簿と卒業記念アルバムの中に凝縮《ぎょうしゅく》されていて、今も先生に活力をもたらしてくれているのでしょう。

◇ケアマネの視点

誰にでも、捨てられない「大切なもの」があります。

《回想法[1]の練習》

誰にとっても、夢中になって過ごしていた頃の自分は光り輝いていて、思い出すだけでも楽しくなるものです。その思い出に浸っていると、自然に元気が出てくることにも驚かされます。奥丸先生にとって、教員時代の卒業生名簿や卒業記念アルバムはとても大切なものでした。また、教え子（私）との会話は、きっと楽しいひと時だったと思います。

この時の先生と私の会話のやり取りは、どちらかと言えば回想法の手法によく似ていました。回想法は、認知症の改善のために、介護の施設では早くから用いられて来ました。その効果は絶大です。このため、利用者の家族に、回想法のやり方を尋ねられることがあります。簡単なので、覚えておくと便利です。

1　認知症高齢者の心理・社会的アプローチとして導入されました。現実への適応が困難になっている認知症高齢者に、比較的よく覚えている遠い昔の出来事を回想させると、生き生きとした表情で自信をもって語ることができるようになります。定期的に行うことで、現実への適応がよくなり、社会性も改善されることが明らかになっています。

回想法のやり方・手順

・「テーマ」はひとつ。日常的で思い出しやすいことの中から選びます。

例えば、「孫の運動会」。

・次は、どんな種目に出たかを尋ねます。

・思い出したままに話してもらいます。その内容が「徒競走」だったとします。

・ここからは、徒競走に焦点を当てて、思い出した場面・状況に合わせて、ひとつのことを尋ねる、の繰り返しになります。

「徒競走」を例にします。例えば、

① 応援できて楽しかったですね。↓「ああ、面白かったなー」

② お孫さんは勝ったのですか？ ↓「負けた」

③ あらら、残念でしたね。↓「悔しい。来年は頑張ってほしいよ」

④ 何人で走って負けたのですか？ ↓「六人だったかな」

⑤ お孫さんは何組でした？ 帽子の色、覚えていますか？ ↓「ん?白と赤と青があったけど、白組かな」

⑥（「ところで」と前置きしたりして）その日は、晴れていたのでしょうか？　↓「ああ、真っ青な空で、快晴だったよ」

などと、周囲の状況も思い出してもらいながら、進めていきます。

このようなやり取りです。特別な決まりはありません。

回想法のポイント

1　思い出すまでには時間がかかるので、ゆっくりと進める。

2　相手の頭の中に、一枚の写真が浮かんで来ている、というイメージを抱く。

3　聞き手としては、その写真の風景・場面・季節のおおよそを知ろうとして尋ねている感じ。

4　進めていくと、その場面の細かなこと――周りにいる人の名前や服の色――も思い出せることがある。

3までで、回想法の目的は果たしています。

私の場合だと、居宅訪問時に、利用者の家族に同席をお願いし、会話の進め方を見てもらっています。このあとに、認知症の改善の実例を必ずひとつは伝えています。すると、家族は積極的になり、日々の中で回想法を行ってくれます。

それでは、実際に回想法の練習をしてみましょう。例題として『誰でもできる回想法の実践』からひとつ選びました。

寝たきりの人は匂いで刺激を
「蓬《よもぎ》の葉で」

鈴木千代子さんは九十一歳。ちょっと前のことも忘れる。耳は遠く、寝たきり状態。

スタッフが「こんにちは。千代子さん」と話し掛けても分からない。鈴木さんの耳元で話し、手を握り、さすると「ああ」とスタッフの方を見て返事をする。

スタッフ「今日は。こんなものを持ってきたのですよ」といって鈴木さんの目の前の見えやすい位置に蓬の葉っぱを差し出す。

鈴木さん「葉っぱ」

スタッフ「ほら鈴木さん、これは何の葉っぱか分かりますか？」

鈴木さん「何の葉っぱかね」
スタッフ「ほら、この匂い、分かりますか？」といって蓬の葉を指ですりつぶして鈴木さんの鼻に近づけて嗅いでもらう。
鈴木さん「何の葉っぱかね」
スタッフ「蓬ですよ。ほら蓬の匂いがするでしょ」
鈴木さん「ああ、蓬の匂いや」とにっこりする。
スタッフ「鈴木さん、蓬の葉っぱで何を作った？」
鈴木さん「蓬は餅草というんや。春になると摘んだね」
スタッフ「蓬の葉を摘んで、どんなふうに保存しておくの？」
鈴木さん「蓬は摘んだら、よーく洗ってね。お湯を沸かしてね。その中に重曹を入れてゆでるんや」
スタッフ「重曹を入れるの？なんで？」
鈴木さん「重曹を入れて灰汁《あく》を取るんや」
スタッフ「へー、灰汁を取るの。それからどうするの？」
鈴木さん「水につけて、よーくさらして、それから干すんや」

スタッフ「どうして干すの？」
鈴木さん「干しとかにゃあ、長いこと置いておけんからね」
スタッフ「干し物にして保存できるようにするんですね」
鈴木さん「干して長持ちさせるんや」
スタッフ「その蓬を使って何を作るんですか？」
鈴木さん「お正月の餅つきの時に入れて、蓬餅を作るんや。それから団子の時も蓬を入れる」
スタッフ「蓬餅も蓬団子もおいしいですね」
鈴木さん「ああ、蓬はいい香りじゃ」
スタッフ「おいしい蓬餅の味を思い出しましたか？」
鈴木さん「うまかったな。蓬餅食べたいの」
スタッフ「私も蓬餅食べたくなりましたよ」

田中和代『誰でもできる回想法の実践』（黎明書房、２００３）６１—６２頁から引用しました。

《ひとり回想法の試み》

回想自体は、何気なく過去の出来事を思い出して、その余韻に浸るなど、誰もが知らず知らずに行っているものです。先の回想法を、ひとりで意図的に行うとしたら、自分にとって大切な「思い出の品物、音楽、映画」などを用意すればできそうです。記憶と想起の扉は自由自在に開き、楽しかった気持ちが沸き上がって来ることでしょう。

この考えを進めて、実行する際のヒントには、『誰でもできる回想法の実践』「はじめに」の著者の言葉が参考になります。ご紹介します。

『誰でもできる回想法の実践』はじめに

「まだ年寄りではない私も回想を楽しむことがあります。例えば、小学校時の同窓会でのことです。あの三十年も四十年もの年月を一瞬にしてワープしたような同級生との会話はまさにそれです。当時のエピソードを語り合うことで、まるで自分がその時代に返ったような気分になります」

「テレビで放映される『神田川』や『なごり雪』は、夫がまだ恋人だった頃の細々としたことを、そして『友よ』はあの新宿西口の混雑の中での歌声を思い出させてくれます」

「不思議とそれらの回想の後は、何か暖かく幸せな気分に包まれます」。

田中和代『誰でもできる回想法の実践』（黎明書房、２００３）１頁から引用しました。

元気を出すためにも、ぜひひとり回想法を取り入れてみてはいかがでしょうか。

8章　社長報告——外出サービスの実施

D有料老人ホームに出勤した朝、早々の出来事です。

「どうしてこんな奴がいるんだ。わたしが本社に勤務していた時代には、F株式会社に嘘つきと泥棒はいなかった。この従業員の採用には問題がある。社長の指示であれば許すが、わたしは聞いていない。本人がしでかしたことの良し悪しは、自分の胸に聞いて、自ら襟《えり》を正し、身を処してほしい」

と剣持さんはカンカンでした。

剣持さんは、若くしてF社の関連子会社の社長に抜擢されて、順風満帆の会社人生を送りました。現在は九十歳です。

七十五歳を少し過ぎた頃から、車に関するトラブルが始まりました。車庫入れができなくなって車の破損を繰り返し、車は車道のセンターライン上を走るものだと思い込んで運転するので、危うく大事故になるところでした。これに慌てた家族は、剣持さんに運転の中止をお願いし、警察にも協力を要請して、やっと運転免許証の返納ができたのです。

また、同じ頃に奥様が亡くなり、子会社の社長職の解任もあって、認知力は急速に低下しました。

それから十五年、単身生活を続けます。しかし、食事らしい食事が作れず、作った後の食器の片付けができず、最後は街の中を徘徊《はいかい》するまでになりました。施設入所は、近隣住民の通報がきっかけでした。F社直営のD有料老人ホームの空きを待って入居したのです。病状には、アルツハイマー型認知症、四肢筋力の低下、徐脈によるペースメーカー埋め込み術後があります。

この老人ホームでは、入居者から貴重品の保管を頼まれると、それを入居者専用の金庫で預かります。この金庫には入居者の依頼で、金貨、金の延べ棒、結婚指輪、株式証券、貸金庫の鍵、遺言書などが保管されています。これらの貴重品の管理は、経理事務員[1]と生活相談員[2]の二人で厳重に行っていました。

剣持さんの場合はご家族が遠方に住んでいたので、剣持さん自身は、月々のお小遣いとして現金数万円と、緊急時用に預金通帳・印鑑を預けていました。しかし、剣持さんが記憶している現金残額と施設側の現金出納帳の残高とが合わないために、「現金五十万が盗まれた」と言っていたのです。『こんな奴』とは、この生活相談員のGさんことでした。

剣持さんは正義感がとても強く、Gさんを大泥棒と思い込んでしまいました。

そのGさんは、日が沈まないと仕事のエンジンがかからないタイプでした。経理事務員の退社後に、分担された仕事をひとりで行います。Gさんの業務には、生活相談のほかに総務事務の一部があり、金庫内の貴重品と預かり物品台帳の突合《とつごう》もあります。このため、夜間にもかかわらず、金庫を開けて保管してある貴重品を取り出し、確認することがありました。

昨夜、剣持さんは、この確認業務を見たのかもしれません。

剣持さんは、私の方に近づいて来て、唐突に「本社に行く」と言います。

「車を回してください。どうしても、社長に会わなくてはなりません。社長に報告する事件が起きているのです」

1　有料老人ホームでは、特別養護老人ホームの関係通知に準拠して管理規程を定めて、二重チェックを怠らないようにしています。

2　単に「相談員」と呼ぶこともあります。主な業務は、入居者の生活上の相談、施設の入居・退去に関する事務、レクリエーションの企画・実施に関する事務です。その他に、研修会の企画、緊急時の対応、簡易な経理事務なども担当します。

剣持さんの中では、私はケアマネではなく「剣持社長の専属運転手」のようでした。私は「はい、分かりました」と返答して、一緒にF社に向かいました。これが剣持さんと私の最初の出会いで、その後も何度となく運転手になりました。

剣持さんの記憶は、十五年以上も前のままです。今でも剣持さんはF社の取締役員です。子会社の社長も兼任していて、当時のH社長は健在なままです。また、本社ビルは郊外にあって、ビルの二階には今日もH社長が出社していると思っていました。

F社にはエレベーターはありますが、関係者は三階までの使用が禁止されています。しかし、剣持さんの下肢筋力では階段を登ることができません。

この「突然の本社訪問」のたびにお世話になったのは、本社総務課長のIさんでした。私はインターフォンごしに、Iさんに来社した理由を説明して、玄関まで降りて来てもらっていました。

Iさんが入社した頃、剣持さんはすでに子会社の社長をしていました。Iさんが剣持さんに会うのは、毎月、本社で行われる役員会の時です。Iさんから剣持さんに「お疲れさまです」と挨拶し、会釈をするだけの関係でした。それでも剣持さんはIさんを「I君」と名前で呼び、顔と名前とが一致していました。

Iさんは、決まって

「お疲れさまです。H社長は不在です。ご用件はわたしが承ります。社長がお戻りになりましたら、わたしから社長にご報告させていただきます」と言って、一呼吸を置き、

「社長からお言葉があれば、わたしが剣持様の所に参り、お伝えします」と丁寧に応対してくれます。

剣持さんは、そのたびに「それは済まない。頼みましたよ」と伝えて納得していました。

毎回、このようなやり取りでしたが、そのあと必ず私の方に振り向き、

「運転手さん、済まないが車を回してください」

と毅然《きぜん》とした表情で言うのでした。

◇感じたこと

「忠義を尽くす」という言葉を思い出さずにはいられませんでした。

剣持さんのH社長に対する忠誠心は、驚くほどに強いものでした。認知症が進んでも決してそれを忘れることはなく、四肢筋肉が低下しても、いざという時には立ち上がって歩くことができたのですから。

◇ケアマネの視点

「アルツハイマー病」の症状が軽度な時こそ、さまざまなケアが必要になります。

《アルツハイマー病の臨床症状出現順序》

認知症に関する質問には、「どのように進行していくのですか」「その時のケアは、別にあるのですか」の二つが多いです。

このような時には、「アルツハイマー病の臨床症状出現順序」（次表）を使うと理解が得られやすいです。症状が進行していくと、表の左側から右側に移行します。

次頁の表は、池田望『新たなケアのステージへ　認知症リハビリテーション第6回』（介護新聞、2011・8・25）から引用しました。なお、太字は筆者が剣持さんに該当すると思われる部分に行いました。

アルツハイマー病の臨床症状出現順序

	初期 (HDS-R 18~25)	中期 (HDS-R 8~18)	末期 (HDS-R 0~8)	終末期
記憶障害　：	近時記憶障害	**即時記憶障害**	遠隔記憶障害	完全健忘
見当識障害：	**時間の失見当**	場所の失見当	人物の失見当	
言語障害　：	健忘失語	感覚性失語	全失語	
精神症状　：	不安・うつ・**妄想**	幻覚・せん妄・鏡現象		
行動障害　：		多動・**徘徊**・暴力		
運動障害　：			パーキンソン症状　失禁　寝たきり 痙攣発作　ミオクローヌス　四肢固縮	

ＨＤＳ－Ｒ：改訂長谷川式簡易知能評価スケール（上記得点は大まかな目安）

ここでは剣持さんを例にして、この表から症状などを確認して見ましょう。

剣持さんには、即時記憶障害のほかに、時間の失見当、妄想が現れていたことが分かります。

ただし、徘徊は施設入居後の規則的な生活によって改善されました。


次に施設のケアでは、不安感を少なくして妄想状態を減らすこと、多動・徘徊の予防を図ること、筋力の維持・改善に努めることが必要になります。

さらに、施設ケアプランの作成では、

① 規則正しい生活リズムの維持
② 昼食後から夕食時までの離床の確保
③ 午後のレクリエーション参加への声かけ
④ 認知力改善の直接的な働きかけとして、
(a)毎日、三十分程度の回想法の実施（テーマはF社のこと）
(b)週単位で、外出同行援助の実施（行先は自宅とF社）

などが挙げられます。

なお、脳の活性化を図るためには日光に当たったり、お話をしたり、体を動かしたりすることが基本的な柱で不可欠と言われています。音楽療法、園芸療法などによっても改善効果が期待できます。

《「有料」サービス新設上の注意点》

剣持さんをF社に連れて行ったサービスは、「外出（同行）援助」と呼ばれています。その多くは「有料」です。

一般的な提供の方法は、「4章　団らんのひと時①——長く生きる悩みへの受け答え」の章末に添付した「介護サービス等の一覧表（70頁—71頁）」を見ると分かります。この一覧表では、金額が表示してあるサービスのことです。剣持さんの場合は、同表の下側の「その他のサービス」中、下から五段目「外出の付き添い」に該当します。

ところで、既設の介護付有料老人ホームには、先に施設内の標準・基本サービスが決まっています。この中に、新たな「サービス」を追加する場合は、

①人員・施設基準等の改訂があった時

②利用者・その家族のニーズに応える時

③施設側のセールスポイントを作る時

です。①は介護保険の適用サービスになるため、一割（二割）負担で利用することができます。②と③は介護保険の適用外なので、十割負担になります。

介護施設の運営において、介護のサービスを新たに作って提供する時は、厳格に考えすぎない方が作りやすく、また、使い勝手もいいようです。今日、社会資源の開発はひとつのブームで、工夫しだいとも考えられます。ただし、基本事項を理解していないと、良かれと思って作ったサービスがあらぬ方向に進んでしまい、自らの労働を強化しかねません。くれぐれもご注意ください。

サービス開発・新設の業務に就いた時には、次の「通所介護における外出の原則」を思い出してください。利用する側の方も、どのような場合に外出が許されるか知っておくとよいと思います。

通所介護（ディサービス）における外出の原則

通所介護というサービスは、自宅に閉じこもって、心身の活動性を下げたり、家族の介護負担が増大することを防ぐ目的を持つサービスですから、もともと、利用者に外出を行わせることを目的としています。

したがって、このような観点から言えば、通所介護における外出は「二重の外出」となってしまい、ある意味で矛盾が生じるという考え方も成立します。

具体的には、次の二つの観点から、外出が規制されるものと思われます。

（1）通所介護には人員基準がある

通所介護にかかわらず、介護保険サービスには、その指定の要件として、人員の配置基準が設けられています。通所介護の場合は、管理者、生活相談員、看護職員、介護職員、機能訓練指導員などの配置が義務付けられていますが、例えば、午前十時〜午後二時の遠足を実施して、十人の利用者が公園に行き、十人の利用者がディサービスセンターで待機していたとしましょう。生活相談員は提供時間数に応じた人員を、一人以上配置しなければなりませんが、ディサービスの提供現場が「公園」と「待機」の二手に分かれるため、厳密に言うと、この二手に生活相談員が必要ではないかとの理屈が生じます。他に、看護職員や機能訓練指導員も同様で、生活相談であれ看護であれ機能訓練であれ、その人員がいないとサービスが提供できないとすれば、なるほどこの理屈はたしかに的を射たものと言えるかもしれません。人員の配置が不十分なサービスは、認められないとするものです。

（2）通所介護には設備基準がある

こちらも他のサービス同様、設備に関する基準があります。事業所、食堂及び機能訓練室、消火設備その他の非常災害に際して必要な設備等を必ず備えておかなければならず、それらがない場合のサービス提供は認められません。花見や遠足に行く場所に上記のような設備がある訳ではないので、通所介護サービスとして成立しないという理屈です。これもたしかにそのとおりと言えるかもしれません。

和歌山県介護支援専門員協会編集『ケアマネジャーのための困りごと相談ハンドブック』（新日本法規、２０１４）５５─５８頁から引用しました。上記の記述の後に、「原則」には「例外」があると続きます。しかし、「例外」として実施するためには、一定の条件が必要と説明しているので省略しました。

9章　キュウリもみ——ラポール（信頼関係）の構築とコミュニケーションの技法

これは私の妻の、母方の本家のことです。

妻の祖母は先月上旬に入院しました。妻は祖母に幼い頃から「とっち」の愛称で呼ばれ、とても可愛がられていました。妻が「これが最後の入院だと思うから、ぜひ、お見舞いに行きたい」と話すので、私も運転手を兼ねてすぐに行くことにしました。

国道38号線を二時間ほど東に走り、町はずれの町立病院に着きました。義理の祖母は二階の多床室にいて、ベッドに腰かけてテレビを見ていました。それでも私たちの入室には気が付いたようです。私がお見舞いとお土産用に持参したのは、当地自慢の味付きジンギスカンです。「いつも同じで申し訳ないですが」と言って手渡し、「退院が近いと聞いて安心しました。退院したら、おばさん（妻の母の義姉）と一緒に食べてください。おばさんとは、ここで待ち合わせをしています」と伝えました。

義理の祖母はジンギスカンを受け取り、「よく来てくれたね。ありがとう」と私の顔を見ながらお礼を言います。私が義理の祖母にお会いするのは、これで二度目です。結婚の報告に伺って以来のことでしたが、私の顔を覚えていて、にっこりと微笑んでいました。

その後、妻の顔を見ながら「とっち、キュウリもみ、ばっかりだったね」と言います。妻にとっては久方ぶりの対面で、母親の母ということもあって話は弾んでいました。

一方、私は「キュウリもみ」の意味を考えていました。

祖母は、明治の開拓農家[1]の二代目に嫁ぎました。一日中、開墾に従事し、その合間にはわずかな面積の水田で米作りに追われました。

当時は「産めや増やせや」の時代で、たくさんの子どもをもうけました。しかし、収入は少なく食糧事情の悪い頃でしたから、生まれて間もない子どもたちは、栄養失調で次々と亡くなります。跡取り息子の長男だけは、無事に成人して、やがて結婚しました。結婚を機に祖父母は、長男に家督（家業）を譲り、隠居暮らしを始めます。翌々年、長男夫婦に男の子が誕生して大喜びしたものの、それは束の間のことで、数年後、跡を継いだ長男は病気で亡くなってしまいました。

祖父は、やむなく現役に復帰して、農家の仕事を再開します。その時は、すでに六十歳を過ぎていました。背中が丸まって動きづらくなった体で、米作りをして孫を育てることになったのです。農地を拡げ、稲作のほかに野菜の出荷を手掛け、イチゴ畑も試みました。

そうして、気が付くと北海道の平均的耕作面積までになっていました。

その一方で、孫を高校にあげ、跡継ぎの意志ありと知るや「これからの農業は高度専門化の時代だ」と教え、進学を促しました。孫は農業の専門学校で、農業化学などのほかにメロン栽培の技術を習得して戻って来ました。その年の四月上旬、祖父は孫に経営を移譲します。

祖父母夫婦は、再び隠居生活を始めますが、長くは続きません。

この年の秋の終わりのことです。祖父は、ストーブのそばで暖を取り、ウトウトとしていましたが、しばらくすると身動きをしなくなりました。祖母が気付いた時には、力尽きたかのように、静かに息を引き取っていました。

祖母は「キュウリもみ、ばっかりだった」と話しましたが、真意は何だったのでしょう。

1　開拓とは、山野・荒地を切り開いて耕地や敷地にすることです。北海道の場合は、一般人のほかに屯田兵も開拓にあたりました。屯田兵の設置は明治八（1875）年、廃止は明治三十七（1904）年です。

「いつ遊びに来ても、これといったごちそうが無くて、毎度毎度、我が家で獲れたコメの白飯と自家製味噌の味噌汁に、畑から採って来るキュウリの塩もみだけだった」と家計の苦しさを言いたかったのか、

「長男が亡くなって、幼い孫のために、精一杯、節約をしていたから、何も出せない粗末な食事でご免なさい」というお詫びの気持ちだったのか、

「嫁いだ日から今日まで、とっちと一緒の食事の時でさえも、美味しい物は何ひとつ食べられなかった」という悔しさだったのかは、はたで聞いている私には分りませんでした。

そのようなことではなく、幼い時から祖父母の実生活を見てきた妻だけに、「こうやって、最後まで頑張ってきたのよ」と自分の一生に満足して、ちょっと誇らしげに伝えたかったのかもしれません。

北海道の中央に位置するこの地帯は、夏になると稲の緑が地平線にまで広がり、見事な景観を作り出しています。

◇感じたこと

人は、自分の役割を感じ取って、その期待に応えながら暮らしています。祖父母夫婦の暮らしには、あらかじめ特定の使命が与えられていたかのように感じられました。お二人は、その使命と役割を全《まっと》うして、さぞかし幸せだったことでしょう。

◇ケアマネの視点

家族の生活を見ても、「ラポール[1]」の大切さが分かります。

《ラポール（信頼関係）と禁句》

私たちは、対人援助関係で「ラポール」が成立しないと、いかなる「支援・援助」も困難だと教わります。おそらく、その通りなのでしょう。

先の妻と義理の祖母の間には、生育過程で自然に信頼関係が出来上がったと思われます。

1　フランス語で rapport と書き、日本語では「信頼関係」と訳しています。現在は当初の用いられ方とは異なり、臨床心理学でセラピストとクライエントの関に信頼関係が構築されている状態を指します。特に援助活動の開始時には、傾聴、共感などによって、利用者の心を開くことが大切です。信頼関係の形成に当たっては、相手をありのままに受容し、お互いに尊重し合うことが基本となります。

介護の仕事は、「対人援助」活動なので、ラポールの成立には神経を注ぎます。体験上、ラポールの形成・成立には、ひとつの約束事、適切な技法、支持的な返答、の三つの条件を満たす必要があると考えています。

やり方は次の通りです。この三点に気を付けながら、介護の仕事に勤しんでください。

(1)「ひとつの約束事」とは、援助者は、終始一貫して「嘘」を言わないということです。例えば、相談を受けた内容が、自分の知らない分野のことであれば、「申し訳ないのですが分かりません。調べた上で後日、お知らせすることでよろしいでしょうか」と返答します。分からないことを「分からない」と言える関係を作ることが大切なのです。そうすると、相手は安心して自分の言いたくないことは、「話したくありません」と返答ができるので、対等な意識が生まれます。

(2)「適切な技法」のひとつに、「傾聴」の技術があります。また、援助者には、「共感的理解力」が必要だとも言われますが、これは「傾聴」技術を習得する過程で身に付くものです。

私は、カウンセリングの技術の中にある「傾聴」[1]を、さらに単純化して使っています。それは、相手が「話すまま」に、その「話を聴いている」という方法です。会話の途中で「あなたのお話の内容には、矛盾があります」とは言いません。

例えば、ある人が、昨日の仕事のミスを上司から注意されて苛立っている時、今日のプレゼンが心配でたまらない時、その「苛立ち」や「心配」の状態をそのままに聴いているという手法です。このあたりが、世間話と少しちがいます。

（3）質問に対して「支持的な返答」をするとは、「これでよかった」と感じてもらえる返答を心がけることです。わざとらしく受け取られるようであれば、さらなる工夫が必要になります。

例えば、相手から「あなたなら、どうしましたか」と尋ねられた時には、「わたしもあなたと同じように行動したかもしれません」と答えるように努めます。相手は、自分がした質

1　クライエントの自己表現と自己理解の促進を中心に展開される技法です。カウンセリングでは、積極的傾聴の技術を用い、その技術は「明確化」「言い換え」「感情を反映した言い換え」「要約」の四つです。基本的には、相談をする側が自分の考えや気持ちを十分に表現できているかどうかが大切です。

問に対して、援助者の感想や意見を聞きたいのではなく、さらには非難されたり、攻撃されたりすることを望んではいません。

つまり、賛成できるようであれば、賛成してほしいと思っているのです。この場合には禁句を使わないでください。

禁句の例
「根性がないんだね」

「甘えているんじゃないの」

「我慢が足りないよ」

「常識がないぞー」

「普通は、そんな風に考えないでしょう」

などがあります。

《昭和の暮らし比較表》
高齢者の気持ちを、理解しようとする努力は必要です。しかしながら、年齢が離れれば離れるほど、年下から年上の人に話し掛けることは難しいようです。

この解消策のひとつに、高齢者に「青年期の出来事を尋ねる」という質問法が考えられます。時代背景の知識はほんの少しで十分です。コミュニケーションを取るための、きっかけになりさえすればいいのです。

例えば、「〇〇さんの若い頃、映画館の入場料は、おいくらだったのですか」と聞くだけでよく、上手下手は関係がありません。

あとは、尋ねる体験を重ねるごとに、自分の中で自然と情報（知識）が構築されて、応用範囲が広がっていきます。

次の表は、とっさの場合でも頭の片隅から取り出せるように、最少限と思って私が作成しました。やがては他者理解の力が強まって、利用者からの信頼が飛躍的に高まるものと信じています。

昭和の暮らし比較表

年代	主な出来事	流行	物価 ①アンパン１個 ②カレーライス１皿 ③映画館の入場料	当時の月収 ①国家公務員上級職初任給 ②国会議員 ③総理大臣
昭和26年	「（第１回）NHK 紅白歌合戦」が始まる（ラジオで放送） NHK：テレビ初の実況中継の実験（プロ野球放送）	ﾊﾟﾁﾝｺが大流行・「ﾌﾟﾗｽﾁｯｸ」という言葉が広まる	① 10 円 ② 80 円 ③ 80 円	① 5,500 円 ② 57,000 円 ③ 60,000 円
昭和32年	5,000 円札が登場 NHK：FM 放送を開始 NHK・日本テレビ：ｶﾗｰﾃﾚﾋﾞの実験放送が開始	ﾁｬｰﾑｽｸｰﾙがﾌﾞｰﾑ・ﾊﾟｰﾄﾀｲﾑが流行	① 12 円 ② 100 円 ③ 150 円	① 9,200 円 ② 90,000 円 ③ 150,000 円
昭和42年	ラジオ番組「ｵｰﾙﾅｲﾄﾆｯﾎﾟﾝ」が放送開始 東京キー局：ｶﾗｰﾃﾚﾋﾞの本放送を開始	着せ替え人形「リカちゃん」（タカラ）が登場・ｸﾞﾙｰﾌﾟｻｳﾝｽﾞがﾌﾞｰﾑ	① 15 円 ② 120 円 ③ 500 円	① 25,200 円 ② 207,000 円 ③ 550,000 円
昭和52年	ﾍﾟｯﾄﾎﾞﾄﾙ誕生・白黒ﾃﾚﾋﾞ放送が廃止　日本人の平均寿命が世界一になる（男 72.69 歳 女 77.95 歳）	ｶﾗｵｹﾌﾞｰﾑ ﾃﾚﾋﾞｹﾞｰﾑが大流行	① 70 円 ② 350 円 ③ 1,300 円	① 91,900 円 ② 810,000 円 ③ 1,550,000 円
平成28年	リオデジャネイロオリンピック開催	-	① 83 円 ② 755 円 ③ 1,800 円	① 182,700 円 ② 1,294,000 円 ③ 2,010,000 円

困惑する時

リンドウ　花言葉：悲しんでいるあなたを愛する

10章　ポンスケだから――頻繁な物忘れとナラティブ・アプローチ

「わたし、ポンスケ[1]だから、しょうがないよ。（泥棒が）サッサーとやって来て、サッサーと財布、置いて行ったんだよ」

　老人ホームに入居している小山さんは、もうすぐ九十歳になる女性です。朝から財布が無いと大騒ぎをしたものの、知らない間に自室のちゃぶ台[2]の上に財布が置いてあったと、事務室勤務の私に報告をしに来たのです。

　この後も小山さんの話は続きます。

「この（J有料老人ホーム）中に泥棒はいないと（ヘルパーのKさんは）言ってたけど、それって嘘だね。わたしの部屋、一番、奥にあるから盗みやすいんだよ。鍵、掛けないわたしが悪いんだ。鍵、持っててもすぐ無くすから、首から掛けろって。でも、無くし物、増えるだけだよ」

「あーあっ、嫌になった。首、くくって死にたいよ。お金盗らないで、（わたしの）命、盗って行ってくれないかな」

と話して、自分の部屋に向かいました。

一分もしないうちに私の所に来て、「今度は」と言ってカウンターに身を隠して、「日誌やられた。あれには、持っているお金（金額）、書いてあるから、（盗む人にとっては）欲しいんだよ。困ったな」

と言い居室に戻ります。しかし、すぐに戻って来て、「ちょっと、ちょっと日誌、あったよ。タンスの引き出しに入ってた。誰か分からないけど、嫌なことするね。盗む人は、何でも盗んでいく。鍵、掛けない、わたしが悪いんだけど。狐につままれているようだ」と話します。

数分もしないうちに、「ちょっと部屋に来て」と手招きして、「財布、ないんだけど。羽、生えて、飛んで行ったのかなあ。（事務室の）金庫、見てくれない」と言います。

その後も何度もやって来て、日誌がなくなり、そこには小山さんのことと泥棒のことが書いてあると、話して居室と事務室を行ったり来たりします。

このような言動はこの日の朝が始まりで、一日が慌ただしく過ぎていきました。夕方には小山さんの顔つきはすっかり変わり、疲れ切っていました。

1　小山さんは、「あんぽんたん」の同意語として使っていました。
2　四脚の低い食事用の台（食卓）です。小山さんは、物置台として使用していました。

私は施設ケアマネの職務柄、小山さんの部屋の日誌、財布、居室のカギに「誰も触らないようにしてください」と張り紙をしました。その後、看護課と介護課に認知症の心配があるので、近隣の病院で精神科を受診できるように進言をします。ところが、両課はその必要がないと判断し、これを拒否しました。

翌朝、介護課ではミーティング[1]を開き、ケアの見直しを行います。しかし、介護課の提案を実行しても効果は現れません。次の日も、その次の日も、小山さんの日誌は見当たらず、朝早くから夜遅くまで私は介護スタッフと一緒に探し回りました。

小山さんが「日誌」と呼ぶ日記帳は、Ａ６版大の黒表紙の手帳のことです。日誌と財布は交互になくなり、その都度、事務室に報告に来ます。一日中これを繰り返し、日中だけでも三十回を超えていました。

次の週に入りました。

私は、迷いつつも小山さんに脳検査を進めて、Ｅ総合病院に受診してもらいました。

小山さんは主治医から入院を勧められると沈黙してしまいました。また、詳しい検査が必要だと言われると「死にたい」と答え、投薬治療を始めたいと言われると、なぜか「寂しい」と答えましたが、服薬には同意しました。

　病院からの帰り道、小山さんの表情は暗く、車中で私の方を向いて、

「一服[2]盛ってほしい。こらっ、笑うな。この世は、もう嫌になった。なんで、わたしに嫌がらせ、するんだろう。日誌には人の悪口なんか、書いてないよ」

と少し感情的でした。

　施設に到着した直後から、そして次の日も、毎日、日誌や財布はなくなり、「小銭がないと寂しいから、ポシェット、持ち歩くかな」と言ったり、また、「やっぱり、財布、持ったら、なくしてしまう。心配でたまらない。えーい、金庫に入れておいて」と言い出します。

　さらに「ああ、早くお迎えに来て、わたし、連れてってくれないかな」と話しては、廊下とロビーをうろうろしながら事務室に来たり、居室に戻ったりを繰り返します。

1　J有料老人ホームでは、三交替制の出勤時刻に合わせて業務引継ぎを行っており、これを単に「ミーティング」と呼んでいました。また、少人数のケアカンファレンスもミーティングと呼び、日々提供するケアについて協議していました。
2　「食後の一服」は、お茶を飲んで一休みをすることなどを指しますが、小山さんは「毒を盛る」意味で使用していました。

少し落ち着いたかと思えば、そうでもなく、再び私の所に来て、

「うーん。何がないんだっけ。あっ、そうだ。首に掛けた財布がなくなったんだ」

と報告し、事務室の金庫の中を確認してほしいと言います。その後もすぐに来て、

「いつ、わたし（財布を事務室の金庫に）預けたの。あったことは恥ずかしいから、ここの人には言わないでよ。息子に知れたら怒られる。黙っていてね」

その矢先に、また「日誌がない。色々なこと、書いてあるから持って行くんだね。でもほかの人、持って行っても得することないよね」と続きます。

数分も経たないうちに再びやって来て、

「日誌は盗った人、捨てるよね。ポイ捨てになるんだ。拾って事務所に届けるお人好しなんか、いるはずないよ」

そのあと、居室のベッドで大の字になってしまいました。

そうして、「あーあっ」とため息を付き、

「この世は、もう嫌になった。泥棒は、この日誌、どうして、ここに置いて行ったんだろう。これじゃあ、二人（小山さんとケアマネ）して、笑い者だね」

「この建物にいると、服はなくなる。靴はなくなる。お金はなくなる。日誌はなくなる。財布はなくなる。なんで泥棒がいるんだろう。Kさんは、泥棒なんかいない、って言ったのに。わたし、もうわけ、分らない」
と困り果てた表情を見せていました。

受診時に処方された内服の開始から数日が経ちました。普通名詞は思い出せるようになりましたが、認知症の症状は改善されません。家族は入院を希望し、本人も同意[1]したので入院が決まりました。

わずかな期間の入院でしたが、治療を受けて退院し、顔つきは元に戻りました。しかし、施設に帰って来たその時から「ノートがないんだわ」と言って、探し始めました。
「日誌」ではなく、「日記帳」でもなく、なぜか「ノート」と呼んでいました。

1　精神科病棟の入院形態には、任意入院、措置入院、緊急措置入院、医療保護入院、応急入院があります。入院に同意を必要とする形態は「任意入院」のことで、本人の同意で入院し、退院も基本的には本人が決めます。

◇**感じたこと**

九十歳を目前にして足腰は丈夫で、とてもお元気な方でした。日々の暮らしでは忘れることに助けられます。しかし、忘れすぎてしまう時期には、計り知れない苦痛と混乱があるようでした。私は小山さんに、混乱のさなかで起きるさまざまな出来事を体験させていただいたと感謝しています。

◇**ケアマネの視点**

認知症の人との会話には、ナラティブ・アプローチが活用できます。

《ナラティブ・アプローチの活用》

認知症の人と会話をして、いつ頃のことなのか、誰のことなのか、どのようなことなのか、分からないと話す人がいます。認知症の人に「厳格さ」を求めるのは無理であって、むしろ、聞き手の「寛容さ」が大切になります。

そこで、「ナラティブ・アプローチ」の考え方の一部を取り入れることをお勧めします。

「ナラティブ（物語）・アプローチ」とは、ソーシャルワークの実践アプローチのひとつです。その説明には、「真実なるものは無数に、多様に存在する」との視点に立つこと、また「利用者の経験している現実は、支配的・客観的な事実（ストーリー）では想定できないとして、利用者の文脈から捉えるということを強調し、対話を通して物語の再構成に協働して取り組んでいく」とあります。

私は、このうちの「**真実は無数に多様に存在する**」箇所に注目して、次のように使っています。認知症の人と話している時には、今日の、今の、この瞬間の、頭の中に浮かんでいるイメージを「今の真実」だとして聴きます。たとえ、その内容が妄想であっても、作り話であっても、今の気分の表出であっても、それはそれでよく、真実のひとつとして受け取ると「ああ、そうなんだ」と興味が湧き、肯定的に聴けるようになって、その話が理解できて来ます。

このようにして聴いていると多くの場合、その人の混乱状態はほんの少しですが治まるようなのです。お試しください。

《早わかり三大認知症》

在宅ケアマネは、突然の依頼でも、速やかに依頼者宅を訪問します。事前情報の提供の有無に関わりなく、利用者の家族は認知症の種別、ケアの内容などを次々と尋ねます。

このような時には、「早わかり三大認知症」（150頁―151頁）の表を渡して、「特徴的な症状」からどの種別に該当するか、「ご家族の対応のポイント」から家族の接し方を知ってもらうとよいでしょう。特に「ご家族の対応のポイント」は、分かりやすく納得できると好評です。

先の小山さんを例に、この一覧表で見てみましょう。症状には、物盗られ妄想、徘徊、とりつくろいが顕著なので、アルツハイマー型認知症と考えられます。

次に、家族に「否定しないで、本人の話をよく聞きましょう。同じことを言われても、穏やかな気持ちで、初めてのつもりで話を合わせる」の箇所を示すと、施設ケアの役割や取り組みが理解できるようです。

これが在宅の場合だと、家族は「あら、わたし、まちがっていたのね」と気付いて、利用者との接し方を改めてくれます。

《受診を巡る周辺の事情》

認知症と思われた小山さんの受診には、かなりの時間を要しました。

認知症は病気なので治療が必要です。病人を放置することは許されていません。本人に受診の意思を確認して、医療が受けられるように配慮したいものです。

これまでにお会いした介護関係者の中で、「わたし、認知症の人が可愛らしく見えて、眺めていたくなる」と話す人がいました。これは不謹慎な発言で、人権感覚が疑われてしまいます。お気を付けください。

以下、専門的な観点から見る「受診を巡る周辺の事情」をお読みください。

受診を巡る周辺の事情

介護現場には、しばしば「まだ、病院に行く段階ではないよね」と発言する職員がおり、そうした職員の判断で、病院にかかる時期が遅れてしまうことがあります。

これは、本人の医療を受ける機会（権利性）をはく奪（侵害）していることになります。介護保険法を読み進めていくと、介護サービス提供者に利用者の「安全・健康配慮義務」の一部が求められているように思われます。今日では、「憲法第二十五条を根拠に『健康権』が提唱され、国民の健康を維持・増進する施策の中に医療保険を位置づけようとする学説」も登場しているほどです。

また、近年、「複数の疾患を有する高齢者が生活している介護施設においては、ケアを巡る民事訴訟（介護裁判）が増えています。特に医療の絡む部分が争点」[1]として目立ちます。その裁判の結果は、およそ「70％以上」が原告（利用者）側の勝訴となっています。これは、医療訴訟の認容率が「17％」[2]ほどであることと比べて、非常に高い数字といえます。「医療訴訟が専門性をもとに身体への侵襲行為の是非を争うのに対し、概して不作為が問われる介護裁判では、あと少し注意をしていたら、遺族の思いに応えられていた部分もあるとの指摘」があります。[3]

※「（医的）侵襲行為」・・・各種の医療検査、投薬、注射、手術などの医療・治療行為のこと
「不作為」・・・ある行為をしなければならないのに、これを怠っている状態のこと

鹿児島地方裁判所平成二十九（２０１７）年五月一七日判決について触れておきましょう。介護老人保健施設に入所していた男性（六十一歳）が死亡したのは、肺炎を発症したのに適切な病院へ転院させなかったためだとして、遺族が二七五〇万円の損害賠償を求めていました。

男性は平成二十四（２０１２）年九月一四日、発熱など肺炎を疑わせる症状を発症し、併設の病院で抗生物質の投与を受けましたが、四日後に肺炎で死亡しました。裁判長は「発熱などの症状が出た時点で肺炎を疑い、エックス線などの必要な検査をして適切な病院へ転院させるべきだった」と指摘し、施設側の過失を認めた事案です。

以上から、今回の小山さんの場合も、もっと早くに病院に連れて行く必要があったと思われます。職員の勝手な判断の前に、本人には医療を受ける選択ができること、これを決める「自己決定権」があったことを忘れてはなりません。

また、家族の理解と協力があって入院を選択肢に入れた時には、医療保護入院ができたのかもしれません（本人の同意は不要）。知っておくと便利です。

1　横田一「介護裁判からみるケアと医療のつながり」社会医学研究．第３０巻２号（２０１３）３１―３８頁

2　２０１６年の「地裁民事第1審通常訴訟事件・医事関係訴訟事件の容認率」
<http://www.courts.go.jp/saikosai/vcms_lf/20170511-3-kyoyouritu.pdf>２０１７年6月9日アクセス。

3　長沼建一郎著『介護事故の法政策と保険政策』（法律文化社、２０１１）２３７頁

※入院時の法律関係

①病院との入院契約締結の問題：入院契約の締結は、本人もしくは「入院契約に関する代理権」を有する人に限られます。ただし、緊急時には例外が認められます。

②居所指定（権の行使）の問題：本人が入院を拒絶している場合、他者には「本人に対する居所指定権」（この場合は入院する病院のこと）は認められていません。ただし、例外はあります。

三大認知症のそれぞれの特徴

アルツハイマー型認知症、レビー小体型認知症、血管性認知症、それぞれの特徴を一覧表で比較しました。

	アルツハイマー型認知症	**レビー小体型認知症**	**血管性認知症**
脳の変化	老人斑や神経原線維変化が、海馬を中心に脳の広範に出現する。脳の神経細胞が死滅していく	レビー小体という特殊なものができることで、神経細胞が死滅してしまう	脳梗塞・脳出血などが原因で、脳の血液循環が悪くなり、脳の一部が壊死してしまう
画像でわかる脳の変化	海馬を中心に脳の萎縮がみられる	はっきりした脳の萎縮は見られないことが多い	脳が壊死したところが確認できる
男女比	**女性に多い**	男性がやや多い	男性に多い
初期の症状	**もの忘れ**	幻視、妄想、うつ状態、パーキンソン症状	もの忘れ
特徴的な症状	認知機能障害**（もの忘れ等）** **もの盗られ妄想** **徘徊　とりつくろい**　など	認知機能障害（注意力・視覚等） 認知の変動　幻視・妄想　うつ状態 パーキンソン症状　睡眠時の異常言動 自律神経症状　など	認知機能障害（まだら認知症） 手足のしびれ・麻痺 感情のコントロールがうまくいかない　など

経過	ご家族の対応のポイント
記憶障害からはじまり広範な障害へ徐々に進行する	◎否定しないで、本人の話をよく聞きましょう ポイント ・同じことを言われても、穏やかな気持ちで、初めてのつもりで話を合わせる ・食事後に「まだ食べていない」と言われた時には「食べたでしょう」ではなく、「これから食べましょうね」というふうに接する
調子の良い時と悪い時を繰り返しながら進行する。ときに急速に進行することもある	◎転倒に注意しましょう ポイント ・椅子からの立ち上がりや階段では手すりを使う ・つまずきやすいものは片付け、家の中を整える ◎食べ物が飲み込みにくくなります ポイント ・食事の時は前かがみの姿勢をとり、家族が見守る ・細かく刻む、トロミをつけるなど、調理を工夫
原因となる疾患によって異なるが、比較的急に発症し、段階的に進行していくことが多い	◎規則正しい生活習慣を ポイント ・本人が無理しなくても楽しめることから始める ・いろいろな誘い方をしたり、誘う人を替えてみる ・介護保険のデイケアサービスなどを利用する ・リハビリテーションが大切

監修者小阪憲司『知っていますか？認知症のこと』（エーザイ、２０１４）５―１２頁から引用しました。（太字は筆者が行いました）

11章　シャント交換——介護現場における予定変更の困難

佐藤さんは、高層住宅の四階に住んでいました。九十五歳を過ぎてもエレベーターのほかに階段が利用できるほど元気で、自由にひとり暮らしを続けていました。

男性ながらも料理が得意で、また掃除、洗濯、買い物、片付けも上手にこなします。残念なのは人工透析[1]の治療を受けた日だけは、何もできずに安静にしていなければならないことでした。ある日のこと、透析治療から戻り、いつもの店に電話で夕食の出前を頼みましたが、臨時休業でした。仕方がなく、自分で食事を作り始めますが、その最中に転倒し、骨折してしまいました。二日後、透析治療で病院に行くと、医師は骨折の状態と出血の跡を見て、佐藤さんに施設入所を勧めました。

J有料老人ホームに「空き室」確認の電話が入り、私は「待機待ち」[2]でよいのかを確認するために自宅に伺いました。加えて、入居に先立って、施設生活の概要を理解してほしかったのですが、何分にも耳が遠く、補聴器の調子も悪くて伝わりません。そこで筆談に切り替えて、ひとつひとつを紙に書いて確かめました。その結果、入居希望の意思は明確で、入居準備をお孫さんに任せることにしました。

退室の際、佐藤さんは玄関まで見送ってくれて、

「透析を受けていれば、いつまでも生きられるのです。これからはケアマネさんの言うことを守って、長生きしたいものです」

と私に希望を話しました。

しばらくして、入居になりました。

人工透析が長期に及ぶ場合、血管の老朽化は致命的です。その意味で、佐藤さんの年齢まで透析治療が続けられるのは稀《まれ》です。

1　腎機能が10％以下になると人工透析の導入が必要になります。人工透析とは、腎臓が処理していた老廃物の排泄、水分と電解質の調節、酸・アルカリの調節を、腎臓以外で代行させる治療です。これには、血液透析と腹膜透析があります。

2　介護施設の現場で「待機待ち」というと、ひとつには正式に書面で入居申し込みを行い、自分の入居順番が来るまでの間自宅などで安全に過ごせる状態にある場合、もうひとつには他の施設にも入居申し込みを行ってお

記憶力はよく、こまめにメモを取ります。また、「特技だ」と言って披露してくれたのは、歩行器のサークルを背にして両手で上部をつかみ、両足を九十度に上げる風変わりなものでした。

一方、聴力は低く、耳元で大声で話しても聞き取れません。原因は老化に伴う感覚細胞[1]の減少でしたが、一向に理解を示しません。いつも、それを補聴器のせいにしていました。

このため、毎週一回、補聴器センターに通い、耳あて部分を掃除してもらいます。そのたびに私は仕事を中断して、車を運転し、付き添い役をしましたが、掃除終了後に嬉しそうに料金百五円を支払う姿を見ると、何も言い出せませんでした。

入居して一年が過ぎました。透析を受けている病院からシャントの調子が悪いと知らせがありました。

主治医と看護師にお会いすると、

「通常は、シャント交換[2]だけで十分なのですが、年齢が年齢ですので、留置できる血管がありません。経過を慎重に診ながらも最終的には、B総合病院に入院していただきます。そのつもりでいてください」

と今後の方向が提示されました。

九十七歳の誕生日が近づいた頃、左腕で行っていた透析治療は困難になりました。右腕を含め、どの血管を選んでもシャントの入る箇所がなくなり、全身で透析を行うようになりました。ほどなくして、むくみが強く現れて入院になりました。

入院をした日は、佐藤さんの誕生日の数日前で、しかも一両日が峠と言われました。

その一方で、入居者の「誕生会」の準備は進んで行きます。急な変更は、介護現場の担当者には対処が困難なのです。それでも何とか開催メンバーが集まって話し合い「誕生会」は中止となり、誕生日に「寄せ書き」と「折り鶴」を贈ることになりました。

誕生日を迎えた夕刻、開催メンバーたちによって外勤可能な私が贈呈役に選ばれ、佐藤さんに

り先に他の施設に入居したとしても、その後に当該施設に空き室ができた時には住み替えを行う場合とがあります。単に「待っている」ことを指してはいません。また緊急入居を必要とする場合とも異なります。

1　耳から入った音は鼓膜、耳小骨を振動させ蝸牛に届きます。すると波のような音の進行波が生じます。進行波の振動が一番大きいところの感覚細胞（有毛細胞）を刺激することで、音の高さを聞き分けることができます。この細胞は、傷害されると再生しませんので、その部分の音は聞きにくい、すなわち、難聴が残ることになります。

2　血液透析は、体外に導き出した（脱血）血液を「ダイアライザ」という装置できれいにして戻します（返血）。

直接贈り物を届けるようにと命じられました。

病室はナースステーションの真向かいでひとり部屋です。入室目的が施設入居中の入院患者の「お祝い事」だったので、入室の許可はすんなりと下りました。ただし、看護師が同席します。

佐藤さんは、ベッドで酸素吸入をしたまま、目を閉じていました。

私は「佐藤さん、お誕生日おめでとうございます。職員みんなで作りました。一日も早く元気になって退院してください。待っています」と声を掛け、寝ていても目に入る場所に、寄せ書きと折り紙を置きました。

佐藤さんは、補聴器を付けていませんが、事情は十分に理解できたようです。

苦しそうに、うー、うーと、うなりながら、

「ありがとう。うれしいよ」

と返答し、看護師は「よかったですねー」と声をかけていました。

退室後、看護師は神妙な顔付きになって、

「お祝いが間に合って、本当によかったです。私からもお礼を申し上げます。ありがとうございました」

と言いました。

佐藤さんが亡くなったと連絡が入ったのは、次の日の午前中のことでした。いつまでも人工透析は受けられる、病気は入院して治療をすれば必ず治ると信じていた人でした。

◇感じたこと

人はライフステージに合わせて自分で自分の目標――「ゴール」――を決めて、その実現を目指しています。

高齢者が目指す終焉の「ゴール」の中には、「穏やかに死期を迎える」ことが含まれていると思われてなりません。

そのためには、血液の出入り口を造らなければいけません。これをバスキュラーアクセスといい、そのうち動脈と静脈を簡単な手術でつなぐことで、透析に必要な血液量を得ることができる仕組みを、内シャント（いわゆるシャント）と呼んでいます。シャントの血管は、徐々に荒廃していきます。その結果、シャントの一部が狭くなったり、つまったりします。そうしたことから、別の場所にシャントを作ることがあります。

◇ケアマネの視点

介護の職場で起きる混乱は、「援助過程」における役割分担を意識すると激減します。

《『援助過程』における役割分担》

佐藤さんは、「長生きしたい」と話しました。

この希望を理解しても、「介護の仕事」には、これを実現する技能が含まれていません。それにもかかわらず、介護を行う人の間では、介護業務の「対象」と「範囲」の理解がまちまちで、介護の職場を混乱させています。

この解決策のひとつとして、サービスを提供する人の職種・職務の役割分担を中心にして確認し合う、という方法が考えられます。

この時には、岩間伸之氏の「本人主体の『援助過程』の概念」の図を基盤にして、役割の範囲を共有すると解決の方向に向かいます。

この図は、次のような場面でおおいに役立ちます。

① 利用者とその家族に提供サービスの種類と分担を説明する時

② 専門職同士で互いの立場を明確にする時

③ 職務範囲を超えた議論を正常化する時

佐藤さんを例にします。役割分担が意識できるように、太字で解説を試みました。ご覧ください。

「援助過程」における役割分担

──本人主体の「援助過程」の概念をヒントに──

元気な時

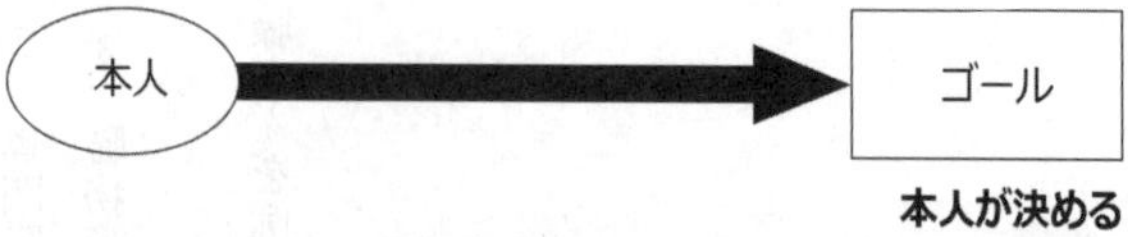

介護が必要になった時（健康の問題）

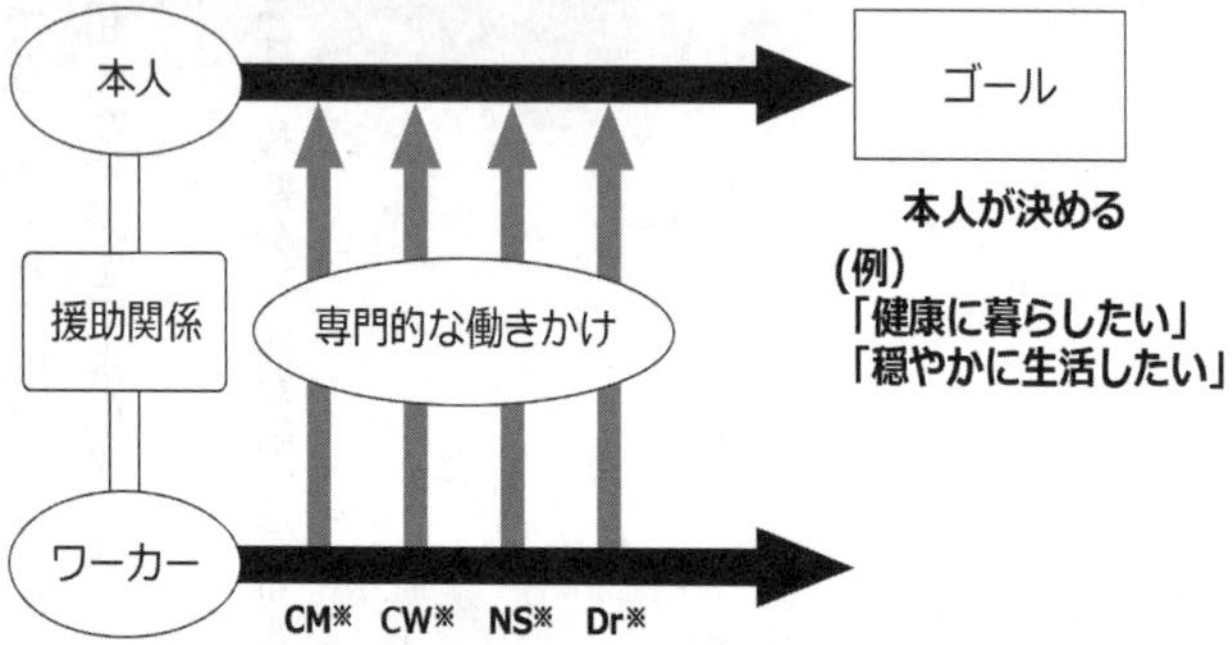

ワーカーは、本人がゴールに向かうための「下支え」をしている。

※ CM：ケアマネージャー
CW：ケアワーカー
NS：ナース
Dr：医師

終末期（生命の問題）
（例）佐藤さん

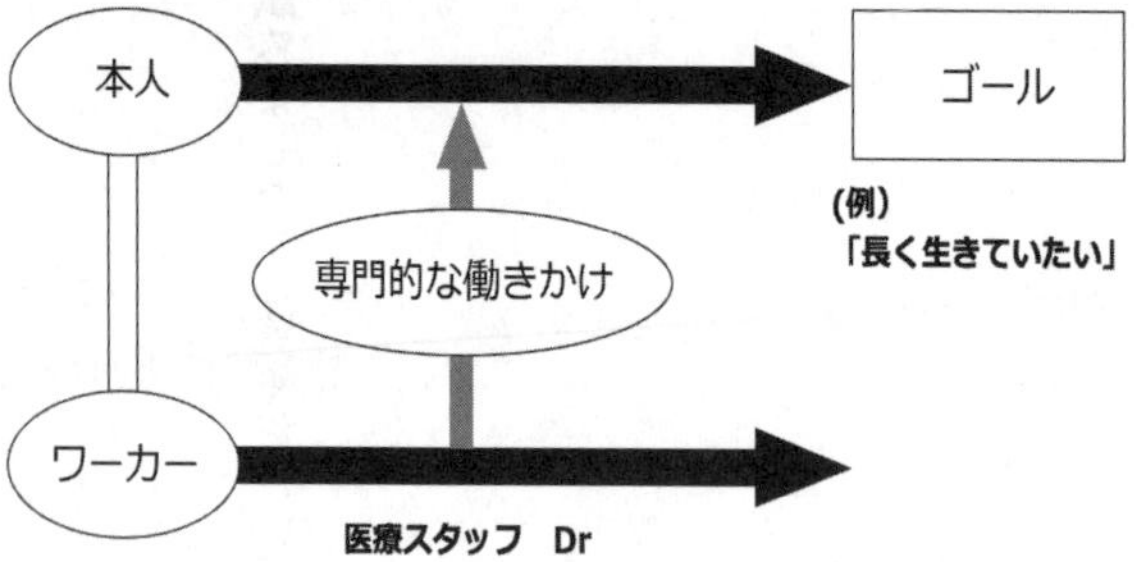

《車の渋滞現象》

車の渋滞には原因があります。

そのうちの「渋滞の現象」を調べた某大学の教授は、次のように説明していました。

「一定の区間を百台の車がスムーズに走っていたとします。ある瞬間に渋滞に陥ったとすると、その時の車の数は百三台でした。つまり、３％が増えると渋滞という現象を引き起こすのです」

介護サービスの提供には、利用者数に対応する介護職員数の比率が決まっています。しかし、利用者は日ごとに加齢が進み重度化していくので、その分だけ仕事量が増えます。仮に空き室ができて新しく入居する方がいたとしても、待機者の中で緊急性が高い重度の方を優先する場合が多いのです。日々に、労働量が増加しているわけです。

これを施設介護の現場で見ると顕著です。先の車の渋滞現象に置き換えれば、日々に渋滞の状況が悪化している、ということになります。

佐藤さんのエピソードには、「一両日が峠と言われ」ても「急な変更は介護現場の担当者には対処が困難」とありました。

これは、緊急事態を知っても目の前の介助の提供が最優先で、協議する時間が取れないためです。今日の業務と手順はすでに決まっています。また、介助と介助の業務の間には、自主運営の委員会用務が入っています。さらに、目を放し、手を放し、持ち場を離れた間に起きた事故は自分の責任になってしまいます。

「誕生会」の催しは、個人が個人として尊重される有意義なものです。しかし、実施しなければならないとする規定がありません。介護職員数の増加を検討しないで、いたずらにレクリエーションの機会を増やすと職員は疲弊してしまい、離職者を増やしかねません。

創意や工夫とは別に、枠組みの変換が求められているように思われます。

12章　心臓が止まった――恐怖心の理解とニーズ概念

進藤さんのお孫さんは、都会で暮らしています。年に一度、家族旅行と称して、北海道に渡ってきます。札幌でレンタカーを借りて、海岸線沿いのオロロンライン[1]を北上します。海を眺めながら、原生花園のお花畑で北国の初夏を満喫して、南下するのがドライブコースの恒例になっていました。その途中に進藤さんが入居しているL有料老人ホームがあり、必ず立ち寄って行かれます。

進藤さんは、そのお孫さんのことを、

「こんな北の果てまで、何が面白くて来るものか。どうして来るの、と尋ねてみたら、『おばあちゃん、何もないのがいいのさ』だって。暮らしに便利なのは都会です。もし、こんな不便な田舎暮らしなんかしたら、ひと月もしないうちに、逃げ出しちゃいますよ」

と笑って話していました。

1　北海道の国道のことで、三つの説があります。①　石狩市から天塩町までの231号線（石狩市～留萌市）と232号線（留萌市～天塩町）の総称。②　①に天塩町から稚内市の道道106号線を加えた区間。③　広義には、①、②に小樽市から石狩市（5号線と337号線の一部）までを加えたもの。

進藤さんは結婚後に夫婦で自営業を始めます。小さな商店が次第に大きくなって、会社組織にまでなりました。空知管内[1]の市町村ごとに一店舗を出店し、札幌進出も果たしたほどの成功者です。

晩年は夫婦二人で悠々自適に暮らしていましたが、八十五歳を過ぎた頃にご主人が亡くなりました。さらに持病の心臓病が悪化し、遠方で暮らす子どもたちの気持ちを汲《く》んで入居を決意しました。

入居後は食堂に移動すること、集団レクリエーションに参加することの二つを除いては、自分の部屋から出てきません。それでも体調がよい日には、「退屈になるとロクなことにならない」と言って、自室の窓辺の長椅子に腰を下ろして、外を眺めたり、朝刊を読んだり折り鶴を折ったりして過ごしていました。心臓の調子が悪い時には、ほんの少し話すだけで息が苦しくなるので、戸を閉めてベッドで静かにしています。

病気については、「年齢に伴って、老化していくのですから、どうしようもありません」と話すので、気丈な人だと思っていました。

この日は朝から体調不良で、ベッドで横になっていました。朝食と昼食は、居室配膳サービス[2]を利用して食べました。

午後三時、突然、緊急コール[3]が鳴り響き、数人のスタッフが進藤さんの部屋に駆け付けると、

「さっき心臓が止まったの。今、また動き始めたから、急いで救急車を呼んでください。今なら間に合うはずだから」

血相を変えて叫ぶので、急いで救急車を呼びました。

救急隊員は進藤さんの身体の様子に異変を見つけられず、

「胸のどのあたりが痛みますか」

と何度も尋ね、「念のために」と言い添えてM病院に搬送しました。

1　北海道の行政は、十四の地域に区分して行われています。「空知」はそのひとつで、地域の名称です。ちなみに、空知管内二十四市町中で、人口が一番多い市は岩見沢市です。

2　食事を厨房から直接、自室に配膳するサービスのことです。有料老人ホームでは通常、有料のサービスのひとつですが、病気で食堂に行けない時には介護サービスの取り扱いとなり無料です。

3　病院のナースコールと同じです。体調が急変したり、転倒したりした時に使用します。実態としては、緊急時以外の些細な用事でコールを押す人がいるようです。

大騒ぎをした一日は無事に過ぎました。日を改めて、進藤さんの居室を尋ねました。

すると、

「実は、毎日、胸痛があって困っていたのです」

と涙を流して話し始めました。

「この歳になっても、死にたいと思ったことは一度もないのです。もっと、もっと生きていたいと思うばかりです」

「夫婦で始めた事業は成功しましたが、主人は、外で酒を飲むといやしくなって、酒がやめられず、家に戻ってからも、いつまでも飲み続けていました。子どもたちは、そんな主人の姿を見るのが嫌で、学校を卒業すると、みんな、家を出て道外に就職し、行ったきりで戻って来ません。気が付くとわたしは、一人ぼっちになっていたのです。なんともみじめな母親です」

その後も、色々なお話を伺いました。


進藤さんは話し終わると胸のつかえが取れたかのように、穏やかな表情に戻っていました。

◇感じたこと

人は自分の「命」が危ないと感じた瞬間、とっさに生命を守る手段を講ずるようです。進藤さんもそうしたのだと思います。

実は私も、趣味の山登りで滑り落ちた時、反射的に滑落停止の姿勢を取っていました。それが当たり前なのかもしれません。

◇ケアマネの視点

瞬間に襲われる「恐怖」心は、他の人には分かってもらえません。

《「恐怖」心》

進藤さんは、救急隊員に「念のために」と言われていました。

私たちは日常において、死の「恐怖」に襲われることはほとんどありません。それゆえ、若い人には、高齢者が日々に抱く死の恐怖を理解できなくても当たり前です。

このためでしょうか、中には「あんな歳になっても、死ぬのが恐ろしいんだって」とか、「これ以上、生きていて、何をしたいのかしら」などと話す人がいます。

その一方で、有料老人ホームに長く勤務して、高齢者と共に日常を過ごした結果、同じ出来事に対する高齢者の受け止め方、感じ方が、人によってずいぶんちがうものだと驚かされたことがありました。

例えば、

・利用者の担当職員が替わったり、食堂の座席が替わったりするたびに、大きく戸惑ってしまう人とそうでない人
・体温のわずかな変化に、大きく動揺してしまう人とそうでない人
・敬語の使い方にこだわって、いつも苛立っている人とそうでない人

などです。

死の「恐怖」心も、そのような事柄のひとつであって、人の感じ方、その表出のあり様はさまざまなのです。

このことに対する支援は、介護の直接的な業務ではないのかもしれません。ともあれ、少なくとも「人は千差万別である」と覚えておくことがよいと思われます。

《「生きている」ということ》

進藤さんは話したくても話せずに我慢していた気持ちを、もっと早くに話しておきたかったことでしょう。

多くの人は自分の気持ちを誰かに伝えるだけで、心が軽くなり元気が出て来ます。

それはおそらく人に話している間に、

（1）高まっていた感情が穏やかになり、

（2）漠然と抱いていた心配や不安が、まとまりのある「心配事」「困り事」として捉えることができるようになって、

（3）混乱状態から解放され、

（4）自分の状況を分かってくれる人がいると感じて、落ち着きを取り戻し、

（5）これから先、「何をどうすればよいか」が見えてくる

からだと考えられます。

また、進藤さんは「なんともみじめな母親です」とも話していました。

どのことも、その時は、その時で精一杯だったはずです。何十年も前の自分が考えなかった状態と、今日の状況で思う希望の姿とが異なるのは当たり前です。過ぎたことは、その時点で終了しています。気に病むことではありません。

「生きている」ということは、それだけで十分に周りの人を支えています。周囲の人たちに、元気と活力を与えているのです。

進藤さんのお孫さんも、そのおかげで助かっているのです。

《「ニーズ」の共有》

介護の職場では、「ニーズ」の定義ないし概念が曖昧《あいまい》です。そのため、ケアの具体的な内容を話し合っているとニーズに対する理解の仕方のちがいで、議論は錯綜《さくそう》してしまいます。「ニーズ」は、厚生労働省通知で「生活全般の解決すべき課題」と示されています。ですが、単に「ニーズ」というとイメージが広がってしまうため、ここでは、ブラッドショーの「ソーシャルニードの分類法」を参考にして考えます。

少なくとも介護の職場で行うケアカンファレンスでは、この「ニーズ」は、

・誰が表明したものなのか
・顕在化しているものなのか

の二点を確認し、共有する必要があります。

そうすると、今、利用者には何が必要で何を急ぐのか、が明確になり会議の目的は達成できてケアの提供が容易になります。

「ニーズ」の共有
（ブラッドショーのニード分類を参考にして作成しました）

『ある男性は、尿失禁をしたままで農作業を続けていました。これを見たケアマネは何とかしなければいけないと感じました。しかし、本人は意に介する様子がありません』

【利用者本人のニーズ】

顕在化されたニーズ

<表明されたニーズ>

② 本人は尿失禁を気にして、
　下着を替えたいと思う

潜在的ニーズ

<感得されたニーズ>

① 尿失禁のことは分かっているが
　本人は気にしていない

【サービス提供者側から見えるニーズ】

顕在化されたニーズ

「比較ニーズ」、「規範的ニーズ」は、
必要と判断すると顕在化する

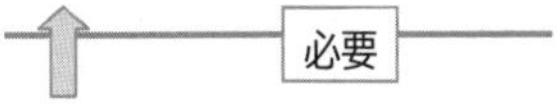

潜在的ニーズ

<比較ニーズ>

③ 紙パンツを使っている人と比べて必要かどうか

<規範的ニーズ>

④ ケアマネとして見ると必要かどうか

ケアカンファレンスでは、この４つの視点で話し合います。③と④の場合には、本人の意思を確認する必要があります。

――ブラッドショーのニード分類――

①感得されたニーズ………本人が感知しているニーズだが、まだ表明されていないニーズ
（フェルト・ニーズ）

②表明されたニーズ………「感得されたニーズ」を本人が申し出ることで表明されるニーズ
（エクスプレスト・ニーズ）

③比較ニーズ………………サービスを利用している人と利用していない人を比べて、その必要性が判断されるニーズ
（コンパラティブ・ニーズ）

④規範的ニーズ……………専門職や行政官等が社会的な規範や基準との対比において判断したニーズ
（ノーマティブ・ニーズ）

13章　目、見えないから――財産管理が難しくなった時

先ほどL有料老人ホームの入居判定会議[1]が終わり、鈴木さんの施設入居が決まりました。鈴木さんは、ひとり暮らしをしている女性です。

施設ケアマネは、この会議結果の連絡、入居意思の再確認、併せて契約事項の詳細な説明を行うこともあります。

鈴木さんには、入居が決まったら自宅に来て施設生活の必需品を仕分けて、荷物の搬出・搬入日を調整してほしいと言われていました。事前情報では、今住んでいる公営住宅の返還手続きの依頼もありそうだと聞いていました。また、鈴木さんは脳梗塞の後遺症で、過去のことと現在のことがうまくつながらないようなのです。

私は、入居予定者が女性の時には、女性職員と一緒に事前訪問を行うように努めていました。

1　入居希望者は申込書に必要事項を記載して申し込み、施設側は受付順に会議に諮って入居の可否を決めます。この会議のことを指しています。メンバーは施設長、ケアマネ、生活相談員、介護、看護、給食などの担当者です。私が勤務した施設では施設内に入居基準があり、これを満たすと入居可でした。入居の決定行為は法律関係にあたるので、結果を正式な文書で通知していました。

私たちは「こんにちは」と声をかけて玄関に入り、名前と訪問目的を伝えました。

すると、いきなり、

「お金ならあるよ。見せられないけど。座り机の上と床に落ちているお金には、触らないでちょうだい」

と言ってテーブルと床に散らばった小銭を拾い始めます。次に、大型テレビの画面をつかみ、顔を近づけます。画面との距離が十センチくらいになると、そこに目をやって、

「わたし、目、見えないから、こうやってテレビ、見てるの。荷物、運ぶって。目、見えないわたしを、だまそうとして来てるんだったら、帰ってちょうだい。その手には乗らないから」

と、私たちの方を振り向いて話します。

怪しい者でないと分かるまでには、かなりの時間がかかりました。そのあとは穏やかになって、鈴木さんは、昨日までの出来事を一息に話しました。

これは、その中の一部です。

「お金はだまし取られるし、小バカにはされるし、嫌なことばっかり。頭の中は、それで一杯だ。

一番大切な物が、お金だというくらいは、わたしだって、分かってるよ。そう思って生きてきたんだから。そしたら、今度は、目、見えなくなった。ここ（公営住宅）で暮らせないなら、出てけって言うんだ。わたし、馬鹿だから馬鹿にされているのかい。生きていたら邪魔だって言いたいのかい。信じられる人なんか、わたしの周りに、誰もいやしないよ」


入居後のことです。

居室の入口は引き戸です。原則として戸の開閉、施錠の有無、鍵の保管は入居者の自由です。鈴木さんは、日中はいつも戸を開けていました。戸を閉めるのは特別な場合だけで、入居料を支払うなど、金銭に関する時に限られています。また、その際に鍵をかけることがありました。

この時もそうでした。最初に戸を閉め、次に鍵をかけて、

「戸の向こうで、立ち聞きしている人はいないのかい。確かめてね」

と言って話を始めました。

鈴木さんの知人に「葉子さん」と呼ぶ女性がいました。鈴木さんよりも何歳か年下です。

「今のわたしの味方は、葉子さんだ。葉子さんだけが信じられる人なんだ。葉子さんは、『あなたにとって、お金の管理が大変なのだと分かりました。ワタシの方が若いですから、最後の日まで

お世話ができそうです。今日からは、ワタシがあなたの目になって、お金の管理をします。安心してください』って言ってくれたんだ。だから、ここ（施設）に入る、ちょっと前に、全部のお金を預けたんだ」

と言うのです。

その話では、
・葉子さんに連れられて、鈴木名義の預貯金を全て解約し、その日のうちに幾つかの銀行に行き、「〇〇葉子」の名義で預金をした。
・それらの通帳と印鑑は、葉子さんが保管している。
・葉子さんは、毎月一度、必ず施設を訪ねて来ると約束してくれた。
・葉子さんが来た時、次の月に必要な金額を言うと、その日のうちに銀行で現金を引き出して届けてくれる。
ということでした。

鈴木さんが葉子さんの申し出を受けた理由は、目が不自由なためでした。

この話を聞いた時には、世の中は複雑怪奇で、こんなことが起きているのかと驚きました。それでも、これからの生活のことを考えて、成年後見制度の概要を説明し、この制度を利用してみてはと提案しました。

その矢先に突然怒り出し、

「わたしに命令してるのかい。どこの誰とも分からん人に、大金を預けろって。全部、持ってかれるさ。そんなの決まってるじゃないの」

と大声を出し、「遠くの親戚よりも近くの他人だ」と言い張ります。

これ以上、説明を続けることはできませんでした。


このお話を伺った年度末、私は定年を迎えて退職しました。翌年、鈴木さんは亡くなり、それからほどなくして葉子さんも亡くなったそうです。

噂で耳にしたのは、地元の警察が詐欺事件[1]かと疑って捜査をしたこと、その際に、当時の介護・看護記録、ケアマネ支援経過記録の確認が行われたらしいとのことでした。葉子さん名義の鈴木

1　刑法上の「詐欺取財罪」が疑われたケースです。これは、人を欺く行為により錯誤に陥らせ、その錯誤を利用して、相手方から財物を交付させ、これを取得することです。しかし、この件では葉子さんは善良な管理者として、正しく預貯金の管理をしていました。

さんの預金は、最終的に、鈴木さん本人のものと判明したそうです。

◇感じたこと

ことの真偽を疑ったこともありましたが、本当でした。遺産が無事にご遺族の手に渡されたと聞いて、ホッとしました。

しかしその一方で、入居中の鈴木さんの暮らしぶりがあまりにも質素だったので、思い出すと心が痛みます。

◇ケアマネの視点

施設に入居しても、自分の財産は、自分で管理しなくてはなりません。

《成年後見制度》

鈴木さんは自分の預金の管理で困っていました。このような場合には、次の制度の利用が考えられます。

1　日常生活自立支援事業

2　任意後見制度

3　法定後見制度

いずれかの制度を利用していたら、鈴木さんの心配は軽減したのかもしれません。

なお、鈴木さんの状態を成年後見制度で見ると、「補助人」が付く可能性がありました。

資産管理の相談を受けた時、支援者として、ご本人に「このことは、このようにしましょう」と提案しても、ただちに納得することはありません。ご本人には先に自分自身の考えと方法があるからです。それでも、制度の概要をひと通り伝えておくことが大切です。

「成年後見制度の一覧表」をご覧ください。

成年後見制度の一覧表

成年後見制度とは、高齢や障害により判断能力が充分でない方が、安心して日常生活を送ることができるよう、保護・支援する人が選ばれて、生活や財産に関する支援を受けて、本人の権利や利益を擁護する制度です。

成年後見制度には、**「法定後見制度」**と**「任意後見制度」**があります。

法定後見制度＜民法八百三十八条以後＞とは、すでに判断能力がない方、あるいは判断能力が不十分な方が対象で、その判断能力に応じて「後見」「保佐」「補助」の三つの類型があります。後見人等の選任は家庭裁判所が行います。

「後見」……事理弁識能力（判断能力）を欠く常況にある方（民法７条）とされ、日常の買い物も一人では難しい方が対象。

「保佐」……事理弁識能力（判断能力）が著しく不十分である方（民法11条）とされ、重要な財産（土地や車など）の適切な管理・処分が難しい方を対象。

「補助」…… 事理弁識能力（判断能力）が不十分である方（民法13条）とされ、重要な取引を行う時に、誰かの援助があったほうが良いと考えられる方が対象。

任意後見制度＜任意後見契約に関する法律＞は、判断能力のある方が対象で、あらかじめ**自分で選んだ代理人**（任意後見人）に判断能力が低下した場合に代理権（財産管理や施設入所契約など）を与える制度です。

	後見	保佐	補助	任意後見
支援される人の状態	判断能力を欠く状況にある者	判断能力が著しく不十分である者	判断能力が不十分である者	判断能力がある状況で契約し、その後、判断能力低下によって開始
選び方	家庭裁判所に申し立てを行い、家庭裁判所が決める			本人が選ぶ公証役場で契約
申立てができる人	本人、配偶者、四親等内の親族、市町村長 等			本人、配偶者、四親等内の親族 等
	本人の同意：不要	本人の同意：不要	本人の同意：必要	本人の同意：必要
取消（同意）権の範囲	日常生活に関する行為以外のすべての取引行為	重要な取引行為（民法13条1項）	民法13条1項に定める行為の一部	取消権はない
代理権の範囲	財産に関する法律行為の全ての代理権と財産管理権	申立ての範囲内で家庭裁判所が定める特定の法律行為	申立ての範囲内で家庭裁判所が定める特定の法律行為	契約によって代理権の範囲を決める
支援者の一般的義務	本人の意思尊重義務・身上配慮義務			

この表は多数の参考資料をもとにして筆者が作成しました

《形から入る「傾聴」術》

会話は、最も手軽な自己表現だと言われています。私たちは、映画やテレビを見て感激した時、母校の野球部が念願の甲子園出場を果たした瞬間、また、知らなかったことを教わって感動した時などは誰かにそれを話してみたくなります。

このような時には、会話という能動的な活動を通して、その衝動の実現を図ろうとします。これらのおしゃべりは、ごく普通でとても楽しいものです。

その一方で、混乱している時、困り果てている時などにも誰かに胸の内を話してみたくなります。相談する人の多くは、自分の話を聞いてくれるだけで十分です。しかし、話を聞いている人が「でも」「だって」と自分の意見を言い出したり、頻繁に大きくうなずいたり、さらには「うん、うん」と合いの手を入れて来ると、相談する人の気持ちは遠ざかってしまいます。

たまたま、この様子を見ていて、実は、この大きなうなずきや「うん、うん」は、相談者への気遣いや理解を示すしぐさではなく、「聴いているぞ」というパフォーマンスなのだと気が付きました。「態度」「しぐさ」「言葉使い」に敏感な人は、嫌な思いを抱き不快感をあらわにします。

ところで、「心に寄り添う」「心の痛みに寄り添う」とは、どのような行為を指すのでしょうか。

これが「心」の仕組みの事ではないと分かっても、あまりにも抽象的すぎる表現のようです。このために「ピンと来ない」、「何をしたらよいのか分からない」と話す人がいます。

このように感じている人でも、次の事項を守ると「聞き役」としての「傾聴」ができていることになります。

1　自分の「思い」を言わない。

相談する人は、あなたの意見を聞きたいのではなく、自分の話を聞いてほしいからです。

2　「うん、うん」と合いの手を入れない。

相談する人は、このような会話形式に慣れていないからです。

3　「うなずき」「あいづち」は、小さめにゆっくりと行う。

この動作が大きすぎたり、早過ぎたりすると、相談している人はわざとらしいと感じ、「分かりもしないくせに」と思ってしまうからです。

4　最初の尋ね方は、「よろしければ、お話ししていただけますか」が望ましい。

「それはお困りでしたね」と言えば、専門家気取りになってしまうからです。

以上は、微妙な感覚のことです。それでも、これらのことに気を付けていると、傾聴技術は自然に高まっていきます。

ときには「話し上手」よりも「話下手」がよく、「親身すぎる人」よりも「謙虚な人」が信頼されるものです。ちなみに、人と人が顔を合わせるフェイストゥフェイス・コミュニケーションの研究「メラビアンの法則」では、コミュニケーションの93％は言葉以外の方法によると説明されています。

心の「声」を聴くことは、相手が話すままに、黙って聴くことから始まります。


【メラビアンの法則】


これは、人と人が顔を合わせるフェイストゥフェイス・コミュニケーションにおいて、①「言語によるメッセージ」と②「非言語によるメッセージ」（声のトーン、身体言語（ボディランゲージ））のどちらが重要かを比較した研究です。

研究の結果では、この①、②の要素が矛盾した場合、メッセージ伝達に占める割合は「言葉」が7％、「声のトーン」や「口調」は38％、「ボディランゲージ」は55％であると結論づけています。

例えば、ある会話で話を聞いている人が、
・言葉：「わかります」と返答し、

・態度：（わざとらしいと思えるほど）過剰にうなずいたとします。

この時には、受け手（先に話をした人）は、コミュニケーションにおける「優勢な要素」を取り入れる傾向があり、返答をした人の非言語コミュニケーション（38＋55％）の態度を見て嘘をついていると感じ、「わかります」（7％）と発した言葉を信用できないものと判断します。

お送り、送られて

忘れな草　花言葉：私を忘れないで

14章　むすんでひらいて——準拠集団に思いを馳せる

清野さんは、女性教諭として長年働いて来ました。その無理がたたり、先天性の心疾患[1]は進行して、すでに治療する術がありません。そのために、認知力の低下もみられます。入居に先立ち、主治医には「九十六歳ですので、老衰とお考えください」と言われていて、L有料老人ホームでは看取り介護を行うことが決まっていました。

清野さんは、師範学校を卒業して、すぐに小学校の教員になり、以来、五十五歳の定年まで勤めました。当時は女性の多くが、結婚を機に仕事を辞めて家庭に入り、家事と育児に専念する時代でした。家計の状態はさまざまなので、内職をする主婦もいましたが、主婦でありながら正職員で専門職を続ける人は珍しかったのです。清野さんの場合は、さらに夫の祖父母の介護も行っていました。

入居してしばらくすると、一日の大半を居室で眠って過ごすようになりました。それでも一日置きに、午後の一、二時間は目を覚まして起き上がることができます。その時には介助用車いすでスタッフルームに移動してもらい、「お話」をして過ごしていました。

ある日のスタッフルームでのことです。

清野さんは、周りの人たちの動きに関心を持ち始め、介護職員の顔を見るたびに、

「あなた、誰でしたか。わたしの教え子でしたか」

「そう。そうなのね。今日は何をするのでしたか」

と尋ねます。

その場に居合わせた職員が返答に窮《きゅう》していると、それを気づかって、

「あっ、そう。そうでした。みなさんと一緒に歌のお稽古をする日でしたね。わたしに付いて来てください」

とひとりで歌い始めます。周囲の職員にも手招きをして、参加を促します。そうして、唱歌[2]『むすんでひらいて』を歌うのでした。

---

1 先天性心疾患は、生まれた子の1%に発生します。何も治療の必要がない軽いもの、自然治癒するものから、すぐに手術が必要なものや難治症の重症なものまで、さまざまな病態があります。

2 正式には「文部省唱歌」のことです。［広辞苑によると］旧制の小学校の教科のひとつで、主として明治初期から第二次大戦終了時まで学校教育用に作られた歌をいいます。なお、「童謡」の説明には、ひとつに「わらべうた」、もうひとつに「北原白秋らが文部省唱歌を批判して作成し、運動によって普及させた歌」とあります。

作曲者　ジャン＝ジャック・ルソー
　作詞者　不詳

むすんでひらいて
手をうって　むすんで
またひらいて　手をうって
その手を上に
むすんでひらいて
手をうって　むすんで

また、翌々日には、「チョウチョ　チョウチョ」と歌い出します。手元に歌詞カードはなく、伴奏の音楽もないのですが、正確に歌います。それは見事なものでした。

起きて活動できる時間はわずかです。目覚めている間はいつもにこやかで、「お話」をするほかに歌を歌って過ごすようにもなりました。この時の立ち振る舞いは、若い頃の「清野先生」の姿だったのかもしれません。

施設内の入居者にはとても好かれていて、職員からも慕《した》われ、いつの間にか『素敵なおばあさま』

と呼ばれるようになっていました。

こうした生活は三か月ほど続きました。

目覚めている時間は、さらに短くなりました。介護課と看護課では「看取り介護」体制を強化して、ケアの一部を次のように改めます。

1　家族にもう一度、施設内で看取る時の手順を説明し、緊急連絡網を最新情報に改める。

2　訪問診療[1]の医師に、往診も依頼できるかを確認する。

3　施設看護師の「見守り」回数を午前と午後の各一回から各二回に強化する。

4　覚醒時の支援内容を明確にして、介護スタッフの役割分担を見直す。

・童謡、唱歌の合唱は、個別レクリエーションと位置づける。

・主な童謡、唱歌の歌詞カードと伴奏を用意する。

・当日の「生徒役」には、中遅勤務者を当てる。

1　毎週○曜日の○時にと約束し、医師が訪問して診療します。定期的（例えば、二週間に一回など）、計画的に訪問し、診療、治療等を行っていきます。一方、「往診」とは、通院できない患者の要請を受けて医師がそのつど、自宅に行き診療をする臨時的な手段です。

・水分の摂取量とむせ込み状態の把握は的確に行う。
5　その日、その日のバイタルチェックは、看護師と一緒に行い、心肺機能の状態を共有する。

一方、私が担当する施設ケアプラン[1]は、この間に各業務の計画が毎日のように変わるため、幾度となく変更になりました。

介護スタッフは、新たな使命に向かって緊張感に包まれていました。

清野さんが目を覚ますと、PHS[2]を使って「今、目覚めました」と連絡を取り合ってスタッフルームに集合します。生徒役を交代しながら童謡や唱歌を「合唱」し、「お話」を伺いました。

清野さんは最後まで介護スタッフと一緒に楽しく過ごし、お別れの瞬間も和やかでした。

◇感じたこと

私は子どもの頃に、教師は聖職者だと教わりました。清野さんと過ごした期間は私たちにとって、まぎれもなく聖職者の教師とその教え子の関係でした。

「先生」には音楽をはじめ、日々の過ごし方や人の一生の過ごし方を教わったような気がします。

◇ケアマネの視点

「準拠集団」という言葉を思い出しました。

《準拠集団の影響》

「準拠集団」とは、「自分の態度や判断の形成に影響を与える集団」のことです。

また、「過去に所属していたが現在所属していない集団」、さらに、「現在は所属していないが将

1　施設ケアプランは、利用者に提供するサービスの包括的なケアの計画で、これを分かりやすくまとめて利用者に同意をいただくものです。このケアプランに内包されているサービス計画には、個別に介護の提供には①「介護計画」が、看護の提供には②「看護計画」が、給食の業務には③「栄養計画」が、病院の受診・送迎業務には④「通院計画」などが含まれています。これらの計画は担当者とその上司の間で、状況に応じて変更していくものです。清野さんの場合は、①、②、③のいずれかが毎日の状況にあわせて変更されていました。

2　ピッチとも呼んでいます。ＰＨＳ（ピーエイチエス）は、英語の Personal Handy-phone System の略称で、形状は携帯電話とよく似ていますが、システムが大きく異なり、ＰＨＳはコードレス電話を発展させたデジタル簡易システムのため、ＰＨＳがつながる基地局がカバーする範囲は半径５００ｍ程度の狭い範囲に限定されます。そのため携帯電話のように遠距離まで電波を飛ばして通信することはできません。現在でも携帯電話に比べて出力の小さいＰＨＳは、医療機器に影響しにくいと言った理由から、病院等で利用されています。

来の所属を目標として、その組織や団体の価値観などに基づいて自分の判断や行動をしている人にとっては、将来、所属しようとしている組織や団体は準拠集団といえる」とされています。

『現代社会福祉辞典』（有斐閣、２００３）２２２頁等から引用しました。

人は日々の暮らしの中から、さまざまな影響を受けて変容していきます。行動様式の形成には、生来の性格も影響しますが、もう一方に所属する組織（会社、職場など）の価値観によるものがあります。後者の影響は非常に大きく、特に最初の組織で影響を受けて形成した「態度・判断」は、その後においても容易に修正ができないと見受けられます。

ここでは、清野さんを例にして、「準拠集団」による行動様式の形成過程を考えてみましょう。「」が本人に影響を与えた小さな集団で、『』が準拠集団です。

・昔のことなので、清野さんは「女の子たち」と遊んだ、と考えられます。
・「女学校」では、「女友達」と過ごします。
・そこで「教師を目指す人たち」に出会います。
・「師範学校」に進学して、「他の学生」とともに教職課程の諸学科を学びます。

・社会に出て最初に就いた職業は「教師」であり、『小学校』に勤務します。
・職場である『小学校』では、「教育に携わる人たち」に囲まれて仕事をします。
・教師に専念すればするほど、理想とする教師像を追い求めて交流が広がります。

このようにして形成された「態度や判断」は、その基底にある組織の価値観とも相まって、自身の行動規範を作りあげていきます。

介護の仕事で利用者と反りが合わず、適切な関わりや支援ができない時、その要因のひとつに互いの「準拠集団」のちがいがあったと気付かされます。

そうであるとしたら、「利用者を尊重する」ためには、利用者自身と所属していた組織の価値観・社会的役割を併せて理解し、受け入れる必要があったと考えなくてはなりません。

この「気付き」はラポールの形成、支援困難者との関係改善にも役立つのではないでしょうか。

ここで「5章　団らんのひと時②――こだわりの理解・反りが合わない時」の後半の会話に戻ります。川島さんと木下さんを思い出してください。ふたりの若い頃は、自営業が全盛期でした。川島さんは漁師の父親の跡を継いだ船主です。青年期は、おそらく意気揚々と活躍していたと思います。川島さんには「漁を生業とする人たち」が準拠集団なのです。このことは木下さんの生い立ちからすると、理解が及ばないことだったのではないでしょうか。

ところで、介護スタッフが行った童謡や唱歌の合唱は、回想法的な効果が顕著でした。清野さんの気持ちは、理想を抱き、その実践にひた向きだった教師の頃に戻っていたのかもしれません。

《看取り介護のケアプラン　第三表》

清野さんの看取り介護で用いた施設ケアプランは、身体状態の変化に伴い頻繁に変更したので伝えきれません。

「看取り介護」の理解には、居宅介護支援（事業所）の居宅ケアプランの方が分かりやすいので、「看取り介護のケアプラン　第三表（週間サービス計画表）」をご覧ください。

看取り介護のケアプラン 第三表

週間サービス計画表〔部分〕

平成27年○月○日

要介護度　要介護5　　　　居宅介護支援事業所サンカヨウ

利用者名　　○○ ○○　様　　　　作成者　内田　勝久

		月	火	（略）	主な日常生活上の活動
深夜	（略）				
早朝					
					起床時介助、おむつ交換、朝食介助
		訪問介護	訪問介護		
午前	8:00				在宅酸素療法の管理、疼痛管理
		訪問看護	訪問看護		
	10:00				
午後	12:00	訪問介護	訪問介護		おむつ交換、昼食介助
	14:00	訪問リハビリテーション			訪問リハ（月・木）
		訪問介護	訪問介護		おむつ交換
	16:00				（医療保険）
			（訪問看護）		
夜間	18:00	訪問介護	訪問介護		おむつ交換、夕食介助（就寝援助）
	（略）				
週単位以外のサービス		①往診・在宅酸素療法　：　主治医 ②爪のケア、耳のケア　：　ご家族　ほか ③福祉用具購入済み　：　ポータブルトイレ ④介護食　：　レトルト食品			

15章　母ちゃんが枕元に立った——非合理な事柄と向き合う

田口さんが亡くなったのは、二月の吹雪の日のことでした。

しばらく経って、ご長男から居宅介護支援事業所サンカヨウに電話が入り、ぜひ、四十九日の法要に参列して最後のお別れをしてほしいと言うのです。

儀礼を重んじる方なので、お断りするにせよ、直接ご自宅に伺ってお話をすることにしました。

ご長男は車から降りる私に、「道路が雪で、大変だったでしょう」とねぎらいの言葉を掛けてくれました。その後で、「今となれば笑い話です。しかし、僕の胸のうちに仕舞い切れないので、聞いていただけると助かります」と前置きして話し始めました。

二月一日、母から電話がありました。

「家賃収入の確定申告書ができたので、見てほしいの。これでよければ税務署に出してくれないかな」

と話すので、二月四日、実家に向かいました。

家に着くと食卓テーブルの上に、しっかりしたマニラ用紙を背表紙にして綴った『家賃領収書控え』が置いてありました。その上には現金出納帳が重ねてあり、例年通りに出来ているものと信じて、中を開いてびっくりしました。一瞬、何をどう書いたのかまったく分からないのです。

落ち着いてじっくり見ると、数字は書いてあるのだけど、行と列がちがい、足し算はでたらめでした。「700」は、どうにか一か月分の家賃「40000」円のことだと分かりましたが、確認してみたくなって母に尋ねると「そうだ」と答えます。

その表情が少しおかしかったので、この数日間の体の具合を聞いてみました。

すると、

「先月の終り頃、急に体の動きが悪くなって、ベッドからうまく起き上がれなくなった」

と言います。それではどうやって起きあがっているのかと聞くと、

「昨日の朝まではベッドの足元の柵にロープを縛り、その先端を枕元に置いて、起きあがる時はロープの先端を力一杯、引っ張って上半身を起こしていた。でも、今朝は、それが出来なく

なった」
と答えます。緊急事態かなと思って、「今、夜の七時だけど、救急外来は開いているはずだから、病院に一緒に行こう」と促しましたが、
「いや、もういいの。その必要がなくなったの」
と返答をします。
　そうして、一昨日の夜に見た夢の話を始めました。夢には、母の母親が出て来たそうです。
母「枕元のすぐそばに、母ちゃんが立っていたの。懐かしかったー。それで、わたしのこの世の暮らしは、あとわずかだと分かったの」
　僕「死ぬということかな」
　母「ああ、そういうことだね」
　僕「恐ろしくないの」
　母「恐ろしいかって。死ぬことが。おっかないことではないよ。向こうには、父ちゃんや母ちゃんがいるし。それに兄ちゃんも姉ちゃんもみーんな、あの世で、待っててくれるから。どうやらお前とは、今日が最後のような気がするね」

僕「うーん、そのお別れは、いつ頃になりそうなの。葬儀のことは、以前に頼まれたからいいとしても、あと、何か、して欲しいことはないのかなあ」
母「葬式は手間がかかるけど、それは、わたしには、もうできないことだから、よろしく頼むよ。それでね、母親の時のことだけど、『母ちゃんが枕元に立った』とわたしに話してくれたのは、息を引き取る一週間くらい前だったと思う」

なんとも奇妙な会話でしたが、信心深い母なので、時々僕には理解のできない話をすることがありました。一応うなずいて帰ろうと玄関に向かうと、母はあとを追って来て、いつもは呼び捨てにする僕に、
「けいすけさん、これまで、本当にお世話になりました。十分な母親でなくて、ごめんなさい。間もなく『あの世』という所に行きますので、今、少しの間、辛抱してお付き合いください。長いことありがとうございました」
と深々と頭を下げたのです。

僕はあっ気にとられて、言葉が出ませんでした。少し考えてから、

「申告書の件は了解。明日には、税務署に提出するので心配はいらない。それよりも嫌でなければ、かかり付けの病院で診てもらった方がいいよ」

とだけ伝えました。

母は翌日、下半身が動かなくなり、自力でタクシーを呼んでN脳神経外科病院を受診しました。前回と同様に脳梗塞だと思ったそうです。そのまま入院になって、そのあと、僕は病院から呼び出しを受けて、病院に行きました。あいにく主治医は緊急手術中で会ってくれません。それで待っていると看護師と薬剤師がやって来て、母には心筋梗塞の疑いがあって、これから内科に転入院してもらうと言います。

B市立病院に転院となり、検査後に内科医は、

「レントゲンの写真を見ていただいたので、お分かりのとおり心筋梗塞です。進行しています。いつ亡くなっても、おかしくありません」

と僕に説明して、そのあとで、

「医師としては、全力を尽くします。少し医師の立場を離れて、ご提案をします。できれば今

日中に、『お見舞い』という形でご家族に知らせて、病院に来ていただくようお勧めします。また、ご親戚もいらっしゃるでしょうから、そのために必要な日数は、二、三日でよろしいでしょうか」

と不可解なことを話すのです。

とっさに僕は、「三日間」と答えていました。急いで母の兄弟、叔父、叔母たちにお願いして来てもらい、お見舞いは無事に済みました。

僕はこの間、死亡時の連絡要員を兼ねて、付き添うことになりました。寝たきりの母のそばで、本を読みながら様子を見守っていました。

母は、時折、目を覚まします。その時には、僕の子どもの頃の話を聞かせていました。口はわずかに動きましたが声にはなりません。

意思を伝える唯一の手段は、まぶたを動かすことだったのですが、僕には初めてのことで、うまくいかないままに終わりました。

母は、入院して五日目の朝に亡くなりました。あの日は大雪で、道路の除雪が進まないので、霊柩車がなかなか来ませんでした。待っている間は、母に頼まれた葬儀の段取りを考えていました。

二月四日、実家の玄関で、母が僕に向かって話した、「十分な母親でなくて」「長いことありがとう」の意味が分からず、あの時の母の気持ちをどうしても知りたくなって、今も整理がつかないのです。

田口さんのご長男は、私の知らなかった数日間の出来事を話してくれました。

◇感じたこと

親子はいつまでも親子であり、「ほんわか」として「ほっとする」間柄なのでしょう。

田口さんと私は、事業所名のサンカヨウの花がご縁でした。田口さんが好きだった山荷葉は、今年も六月上旬、ご自宅のある山間に咲いていました。

私は田口さんのように、最後の日まで主体的に暮らしていたいと願うようになりました。

「宗教」のこと、「主体的に生きる」ことについて考えさせられました。

◇ケアマネの視点

《非合理なもの》

「なんとも奇妙な会話でした」と、田口さんのご長男は話していました。宗教に対する理解は介護をする者にとって特別な事柄です。

もちろん、宗教的祭事が介護サービスに含まれているわけではなく、また、介護者が積極的に話す話題でもありません。ただ、利用者の多くは信仰心に篤《あつ》いという実情はあります。このため、利用者から宗教にまつわる話題はよく出されます。

このような場合、私は「残念ながら、これまでに宗教的体験がないものですから」と伝えて丁重にお断りをしています。

それでも、信仰の深淵なる「お話」が続く時には、「世の中にはさまざまな宗教があって、人は何を信じても良いのだ」と、気持ちを切り替えて聞くように努めています。

仮に、「信仰の本質が『非合理ゆえにわれ信ず』である」とするなら、その「非合理なところ」に敬意を払って聞くのがよいのかもしれません。

《主体的に生きる》

介護の職場では、時々、利用者の「自立」をめぐって意見が対立します。

自立には「経済的自立」「身体的自立」「精神的自立」の三つがあります。介護の職場で、この三つを視野に入れて同じ高さで成り立たせるとしたら、あれもこれもがサービスの提供対象となり、混乱してしまうのは当然です。ですから、介護保険のサービスは、主に身体的自立に向けられています。

高齢者は、これまでに次表のような「生活の営みの技術」の習得を目標[1]にし、これを身に付けて過ごしてきました。そこで、介護の提供に当たっては次のことを理解しておく必要があります。

・これまでは、自分のことは自分で決めて暮らしていた人です。
・今は、身体機能の低下によって、従前の生活の一部ができなくなった状態にあります。
・支援・援助の提供は、元どおりに暮らすためのものではありません。
・支援の目標は、利用者本人が主体的に活動するための補完です。

高齢者でなくとも病気になれば医療を受けて健康を取り戻し、失業すれば求職者給付金を受けながら次の仕事の準備をします。つまり、社会保障の目的には「個人の自律の確保（の支援）」が含まれているようなのです。「個人が自らの人生を主体的に追求できること」に価値を見出しているのでしょう。

介護保険はその中のひとつです。介護保険法をはじめとする社会保障の制度があると、人の生活の中に安心感をもたらし、より積極的な行動を可能にさせてくれます。

要介護の方々におかれましては、介護サービスを利用し、日常生活で支障が生じたその一部を解消して主体的に暮らしていただきたいと祈っています。

『生活の営み』の技術

人は「よりよく生きたい」と願う。自立への技法は、ライフサイクルにおける各期の発達に絡みあいつつ同心円的に漸次発達し身に付けていくものである。

---

1 「福祉ニーズの構造」を明らかにするため、岡村重夫氏らによって示された「人間の社会生活上の基本的要求」は、①経済的安定 ②職業の機会 ③心身の健康維持 ④教育の機会 ⑤家族（関係）の安定 ⑥社会的協同 ⑦文化・娯楽への参加の機会 となっています。

親から子へ承継してきた「しつけ（一人まえの人間になるために、両親たちが生活する形を整えてやること）」もそのひとつである。そうして、危険回避の対処技法、身だしなみ・ふるまいの技法、生活維持・管理の技法、セルフケアの技術などを身に付ける。

生活者として自立的に生きる基盤となるのが「生活の場」である。生活の場は、生涯にわたって二十四時間毎日の営みを通して再生産される。営みの維持には、下記に示すような行為・動作のための技術が必要になる。

※次頁の表も含め、『介護概論』（介護の視点から見た自立の技法）５７—６１頁から引用しました。

『生活の営み』の技術の種類

セルフサポート	食べる 排泄する 清拭、清潔にする 着る 動く、休む、眠る、安静にする 葛藤への対処
リラックス・生命と生活の再生	入浴する 装う（衣、住まい） 遊ぶ 知る、創る つきあう 働く
備え	購入する、収める 補修する 整理、整頓 儀礼 親族網の維持 町内会、ＰＴＡなどへの参加

【本書を閉じるに当たっての補足説明】

1　反射的利益――1章の関連

――法律学小辞典によると――

行政法上の「反射的利益」とは、法が公益目的の実施等のために命令・制限・禁止等の定めをしていることの反射として、ある人がたまたま受ける利益のことをいいます。その例として、「医師法に医師の診療義務が定められている結果、患者が診察を拒まれないという利益を受けること」などが挙げられています。また、反射的利益の侵害を受けたにすぎない者は、裁判で回復を請求したり、損害賠償を求めたりする、などの救済手段に訴えて利益の実現を求めることはできないと説明されています。

なお、「救急車」については、消防法第三十五条の5に規定されています。

2　有料サービス新設の詳解――8章の関連

新たに「有料」のサービスを作って、運用する場合の注意事項を説明します。施設ケアマネは、新規に色々な有料サービスを作るので、その経験から次の二点は重要です。

①自立の力を低下させないサービス内容であること

これは、介護保険法の目的に含まれている「自立」助長に抵触しないという意味です。

例えば、利用者数の多い訪問介護をベースにして、施設介護に新たなサービスを作る場合を考えます。

利用者が病院にかかる時には、自宅出発↓病院到着↓受付↓ロビーでの待機↓受診↓会計↓自宅到着の過程を辿ります。

これらの中で、介護保険が利用できるのは、病院の往復にかかる「通院乗降の介助」と、診察時の「院内付き添い介助」に限られます。

病院内なので原則的には、診察時以外の待ち時間中の応対、患者（利用者）の移動介助は、病院側の責務と考えられています。しかし、院内の待ち時間の対応は、原則通りに行われていないのが実情です。

そこで、（介護保険の）保険者の考え方を尊重しながらも、現実に即した対応のひとつとして、

「院内で待機する時間の付き添いサービス」を創設することが必要だと判断したとします。これを新規「有料サービス」の提供内容とするのです。ただし、「有料」とはいえ、要支援者までに拡大することは、いささか問題があるようです。

② 関係法令等が規定する人員基準を順守すること

これは、人員基準の枠組みを守ることを指します。「8章　社長報告——外出サービスの実施」の「通所介護（ディサービス）における外出の原則」を参照すると分かりやすいです。つまり、新規サービスを追加して提供する場合には、通常、人員の増加が伴います。言い換えると、日々の介護業務に八時間従事している人に、これを行わせるとしたら、担当者の業務の調整と工夫が必要になるということです。

3　介護サービス提供の原則——11章の関連

介護サービスの提供者に「できること」は、加齢に伴って日常の生活でできなくなった部分のうち、これを補うために提供する具体的なサービスです。別の言い方をすると、「生活行為」を対象にして行われる支援・援助（介助など）のことを指します。

「できること」の範囲は、現在の介護保険法等関係法令が規定するサービスと当事者間の個別契約で取り交わした内容に限られます。

もちろん、現実の運用では、ボーダレスの部分があって、拡大して行われているのですが、ここに大きく期待しても無理がありそうです。なぜなら、介護の業務量は、介護職員個人レベルで、また、事業所単位で増加しているからです。

原理・原則に照らして、逸脱しないようにしたいものです。次の実例は、最近、介護サービスを利用していると話した本人の電話の内容です。こうした例に陥らないように気をつけたいものです。

・［内服薬、救急車のことで］利用者自身が選択し決定できるはずの「死」に関する問題で、専門職にあるとされる「代弁機能」を殊更に強調して、専門職の思い通りに進められそうになった。

・［身体介護のことで］限られた職員しかいないのに、施設内の催し物が頻繁に開催されて、寝たきり状態に近いので参加できない自分の排泄介助などをしてくれなかった。

・［施設入所のことで］自宅での生活を希望しているのに、長男が理解を示さず、在宅生活の危険性を大げさに在宅ケアマネに話して、強引に施設に入れられそうになった。

4　介護保険法第一条――15章の関連

介護保険法第一条で、法の主旨・目的を確認してみましょう。
対象者は、「加齢に伴って生ずる心身の変化に起因する疾病等」で「要介護状態等」になった者とあります。また、その方法は、「有する能力に応じ自立した日常生活を営むことができるよう」にとあり、給付の仕方は「保健医療サービス・福祉サービス」を提供するとなっています。
つまり、「身体的自立」のためのサービスが主体であると考えるのが妥当です。

人の生活の仕方に、「こうしなくてはいけない」とか、「こうあるべきだ」ということはありません。何事にも寛容でありたいものです。

5　宗教の意味――15章の関連

――芦部信喜著『憲法』では――

憲法第二十条第一項前段および第二項の「信教の自由」条項に言う「宗教」は、たとえば、「超自然的、超人間的本質（すなわち絶対者、造物主、至高の存在等、なかんずく神、仏、霊等）の存在を確信し、畏敬崇拝する心情と行為」（津地鎮祭事件二審判決）というような、広い意味に解すべきであるのに対し、第二十条第三項の政教分離条項に言う「宗教」は、それよりも限定された狭い意味、たとえば、「何らかの固有の教義体系を備えた組織的背景をもつもの」の意に解するのが、妥当であろう。もっとも、一元的に解すべきだという説も有力である。

芦部信喜『憲法』（岩波書店、第三版、２００４）１４５頁から引用しました。

※津地鎮祭事件・・・三重県津市が、市体育館の建設にあたって、神式の地鎮祭を挙行し、それに公金を支出したことが憲法第二十条、第八十九条に反するのではないかが争われた事件です。

おわりに

今振り返れば、この本の作成の始まりは、介護付有料老人ホームの内部研修会のために作った数枚の資料からでした。

これらの資料に必ず盛り込んできた内容は、大学院時代の恩師倉田聡教授から教わった言葉、「福祉に法なし」と言われる由縁（現状）についてです。その意味は、社会福祉の現場では利用者の権利が尊重されていない、言い換えると利用者の法的な権利義務関係が軽視されているということです。

本書ではそれらの内容のほかに、私が介護サービスの提供中によく出会う場面で、実施して効果が現れたもの、また同様の事例であれば役立つと思われるものも加えました。


ここで改めまして、本書を世に出すチャンスを私たちに授けてくださった、はるかぜ書房の鈴木雄一社長に感謝の気持ちを捧げます。また、本書の編集にあたり、木村洋平様には原稿作成のご助言、文章の細かいチェックなどを大きな熱意をもってご尽力いただきました。心よりお礼申し上げます。なお、組版をご担当いただいた北山毅様には熱心に取り組んでいただき、誠に感謝しております。さらに、志冬様のお力ですてきな装幀になりました。ありがとうございました。

加えて、お母様の介護をしながら介護の実情と課題を教えてくださった相馬様、横井様にも感謝を申し上げます。

読者のみなさまには、この本を手に取り最後までお付き合いいただき、ありがとうございました。なにかひとつでも現状の解決につながれば望外の幸せです。

参考文献

【1章】
日本精神保健福祉士養成校協会『精神医学』（中央法規、改定版、2007）
中村仁一『大往生したけりゃ医療と関わるな』（幻冬舎新書、2012）
石飛幸三『「平穏死」という選択』（幻冬舎ルネッサンス新書、2012）
芦部信喜『憲法』（岩波書店、第三版、2004）

【2章】
監修者中村正人『図解でわかる心臓病』（主婦の友社、2011）
監修者平塚秀雄『新版胃・十二指腸の病気』（主婦の友社、2005）
日本精神保健福祉士養成校協会『精神医学』（中央法規、改定版、2007）
上山泰『専門職後見人と身上監護』（民事法研究会、2008）
社会福祉士養成講座編集委員会『介護概論』（中央法規、第3版、2006）

【3章】
東田有智『患者さんと家族のための気管支喘息の知識』（医薬ジャーナル社、改訂版、

2011）
北海道電力株式会社50年史編纂委員会編『北海道電力五十年の歩み』（北海道電力株式会社、2001）
監修者貝谷久宣『適応障害のことがよく分かる本』（講談社、2012）
上山泰『専門職後見人と身上監護』（民事法研究会、2008）
編集代表金子宏『法律学小辞典』（有斐閣、第4版、2004）
棟居快行『憲法フィールドノート』（日本評論社、2版、1998）
【4章】
編集代表金子宏『法律学小辞典』（有斐閣、第4版、2004）
棟居快行『憲法フィールドノート』（日本評論社、2版、1998）
中村仁一『大往生したけりゃ医療とかかわるな』（幻冬舎新書、2006）
【5章】
日本精神保健福祉士養成校協会『精神医学』（中央法規、改定版、2007）
内島立郎「北海道沿岸のニシン漁の変遷と気候変動」農業気象41巻4号（2010）
古宮昇『プロカウンセラーが教えるはじめての傾聴術』（ナツメ社、2012）

本多信一『心の妙薬―生き方キーワード』（北海道新聞社、1995）
【6章】
本多信一『心の妙薬―生き方キーワード』（北海道新聞社、1995）
【7章】
田中和代『誰でもできる回想法の実践』（黎明書房、2003）
社会福祉士養成講座編集委員会『介護概論』（中央法規、第3版、2006）

【8章】
『介護報酬の解釈2　指定基準編』（社会保険研究所、2015）
池田望『新たなケアのステージへ　認知症リハビリテーション第6回』（介護新聞、2011・8・25）
編集和歌山県介護支援専門員協会『ケアマネージャーのための困りごと相談ハンドブック』（新日本法規、2014）
【9章】
日本精神保健福祉士養成校協会『精神医学』（中央法規、改定版、2007）
社会福祉士養成講座編集委員会『心理学』（中央法規、第2版、2005）

岩波書店編集部編『近代日本総合年表第3編』（岩波書店、１９９１）
週刊朝日編『値段史年表　明治・大正・昭和』（朝日新聞社、１９８８）
総務省統計局『統計局ホームページ／小売物価統計調』<http://www.stat.go.jp/data/kouri>（２０１７年7月27日アクセス）

【10章】

日本精神保健福祉士養成校協会『精神医学』（中央法規、改定版、２００７）
日本精神保健福祉士養成校協会『精神保健福祉援助技術総論』（中央法規、改定版、２００７）
監修者小阪憲司『知っていますか？認知症のこと』（エーザイ、２０１４）
横田一「介護裁判からみるケアと医療のつながり」第３０巻2号（社会医学研究、２０１３）
２０１６年の『地裁民事第１審通常訴訟事件・医事関係訴訟事件の容認率』<http://www.courts.go.jp/saikosai/vcms_lf/20170511-3-kyoyouritu.pdf>（２０１7年6月9日アクセス）
長沼建一郎著『介護事故の法政策と保険政策』（法律文化社、２０１１）
倉田聡ほか共著『社会保障法』（有斐閣アルマ、第2版、２００３）
社団法人日本社会福祉士会『成年後見マニュアル』（中央法規、２００８）
別冊ジュリスト『社会保障判例百選』（有斐閣、２０００）

【11章】
岩間伸之『支援困難事例へのアプローチ』（メディカルレビュー、２００８）
岩間伸之『支援困難事例と向き合う』（第十七回北海道主任介護支援専門員フォローアップ研修、２０１３）
神崎仁『補聴器の必要な人、不要な人』（株式会社医学と看護社、２０１４）
監修者川村哲也、湯浅愛『図解でわかる腎臓病』（主婦の友社、２０１２）
【12章】
日本精神保健福祉士養成校協会『精神保健福祉援助技術総論』（中央法規、改定版、２００７）
『現代社会福祉辞典』（有斐閣、２００３）
【13章】
編集（株）ラヴィラント成年後見センターかたくり『成年後見入門編』（社内資料）
古宮昇『プロカウンセラーが教えるはじめての傾聴術』（ナツメ社、２０１２）
Albert,M.(1971). *Silent Messages: Implicit Communication of Emotions and Attitudes.* Wadsworth Publishing Company.
竹内一郎『人は見た目が9割』（新潮社、２００５）

【14章】
秋元美世他編『現代社会福祉辞典』（有斐閣、２００３）
執筆・監修篠田道子『居宅ケアプラン記載事例集』（日総研、改訂5版、２０１３）
【15章】
河合栄治郎『学生に与う』（社会思想社、改訂版、１９７２）
棟居快行『憲法フィールドノート』（日本評論社、2版、１９９８）
社会福祉士養成講座編集委員会『介護概論』（中央法規、第3版、２００６）
倉田聡ほか共著『社会保障法』（有斐閣アルマ、第2版、２００３）
日本精神保健福祉士養成校協会『精神保健学』（中央法規、改定版、２００７）
社会福祉士養成講座編集委員会『社会福祉原論』（中央法規、第4版、２００６）
【本書を閉じるに当たっての補足説明】
編集代表金子宏『法律学小辞典』（有斐閣、第4版、２００４）
社会保険研究所『介護報酬の解釈2　指定基準編』（社会保険研究所、２０１５）
芦部信喜『憲法』（岩波書店、第三版、２００４）

著者紹介

内田　勝久

昭和二十八年生まれ。法政大学経営学部卒業。北海道大学大学院法学研究科法学政治学専攻修士課程修了。市役所勤務などを経て、社会福祉の分野に進む。平成二十六年（株）ラヴィラントを設立して居宅介護支援事業所サンカヨウを開設する。現在、主任介護支援専門員、社会福祉士、精神保健福祉士として後進の介護従事者の指導にあたっている。

内田　貴士

昭和五十八年北海道生まれ。社会福祉士。工学修士。北海道社会福祉士会所属。平成二十六年から社会福祉関係の仕事に関わるようになり、平成二十九年社会福祉士登録。現在は成年後見センターかたくり 所長、うちだ社会福祉士事務所 所長。

穏《おだ》やかな看取《みと》りのために

15の事例《じれい》で学《まな》べる介護《かいご》のポイント

ISBN978-4-9908508-5-2
平成30年6月9日 初版第1刷発行
著　者：内田《うちだ》 勝久《かつひさ》　内田《うちだ》 貴士《たかし》
装　幀：志冬

発行人：鈴木 雄一
発行所：はるかぜ書房株式会社
〒140-0001
東京都品川区北品川1-9-7 トップルーム品川1015号
TEL: 050-5243-3029　DataFax: 045-345-0397
E-mail: info@harukazeshobo.com
Website: http//www.harukazeshobo.com
印刷所：株式会社ウォーク